职业院校"十三五"规划教材

大学生创新创业基础教程

马腾文　殷广胜　夏振展　商 霄　孙 沛 ◎ 编著

化学工业出版社

·北京·

内 容 简 介

本书包括创新教育篇和创业教育篇。在创新教育篇中，分别阐述了创新概念与创新能力、创新思维与创新方法、创新理论与创新实践；在创业教育篇中，阐述了创业环境及形势、创业者的素质与能力、创业流程及技巧。教材从职业教育的规律出发，确定内容，选择案例，反映了从技术指导向理念转向的特点，体现了行业性、技术技能性、市场导向性。

本书内容安排合理，问题深入浅出，阐述通俗易懂，突出政策性、实践性和可操作性，以期对大学生的创新创业教育提供切实可行的参考和帮助。

本书适用于职业院校所有专业在校学生学习，也可作为社会人员职业规划与职业发展的参考读物。

图书在版编目(CIP)数据

大学生创新创业基础教程/马腾文等编著. —北京：
化学工业出版社，2021.8 （2023.2 重印）
ISBN 978-7-122-39555-9

Ⅰ.①大… Ⅱ.①马… Ⅲ.①大学生-创业-高等学校-教材 Ⅳ.①G647.38

中国版本图书馆 CIP 数据核字（2021）第 140004 号

责任编辑：蔡洪伟 王 芳　　　　　装帧设计：关 飞
责任校对：王 静

出版发行：化学工业出版社（北京市东城区青年湖南街 13 号 邮政编码 100011）
印　　装：三河市双峰印刷装订有限公司
787mm×1092mm 1/16 印张 7 字数 146 千字 2023 年 2 月北京第 1 版第 3 次印刷

购书咨询：010-64518888　　　　　售后服务：010-64518899
网　　址：http://www.cip.com.cn
凡购买本书，如有缺损质量问题，本社销售中心负责调换。

定　　价：26.00 元

前 言

　　创新创业，是国家发展之根，是民族振兴之魂。今天的中国，大众创业万众创新的时代潮流正在蓬勃涌动。2015 年，国务院办公厅出台《关于深化高等学校创新创业教育改革的实施意见》，推动形成了全社会关心支持创新创业教育的良好生态环境；2018 年，全国教育大会进一步提出要"持续深化创新创业教育，造就源源不断、敢闯会创的青春力量"。随着教育的深化，每年中国"互联网＋"大学生创新创业大赛参赛人数不断增多，2018 年高达 265 万人，成为全球参赛人数最多的大学生赛事，创新创业教育成为面向每个学生的普惠教育。

　　深入推进大学生创新创业教育是一项艰巨的任务和复杂的系统工程。要围绕全面提高人才培养质量这个核心任务，遵循人才培养和人才成长规律，抓住重点领域和关键环节，凝心聚力，不打折扣地将教育任务落到实处，推动教育向纵深发展，形成创新创业资源集聚、人才辈出、活力迸发的生动局面。

　　牢固树立科学的创新创业教育理念，落实立德树人根本任务，使青年学生自觉地把个人命运和国家命运、创新创业梦和中国梦紧密联系在一起。树立旨在促进学生全面发展的理念，注重激发学生强烈的社会责任感，着力增强学生敢于梦想、勇于突破、脚踏实地、勤勉践行的创新精神、创业意识和创新创业能力。把创新创业教育融入人才培养体系，激发学生的创新活力、挖掘创新潜能、提高创新创业能力。挖掘创新创业教育资源，改革教学内容和方式方法，推动教师把国际前沿发展、最新研究成果融入课堂教学内容，根据大学生的身心特点，发挥个性化学习、网络化沟通的优势，广泛开展启发式、讨论式、参与式教学。强化创新创业实践，加强实验教学资源建设和科技创新资源共享，搭建实习实训平台，办好各级各类创新创业竞赛。改革教学管理制度，完善个性化的培养方案，建立创新创业学分积累、转换和支持休学创新创业的制度，使大学生有更多的选择和机会。

本书以马腾文教授对创新创业教育多年的教学和研究成果为依托，结合国家对创新创业的具体要求，针对职业院校学生创新创业教育中存在的问题，设计安排教材内容，既是现阶段职业院校创新创业教育的教学用书，又是学生在校期间和毕业后继续学习的指导用书，也是社会再就业人员的参考用书。

本书由马腾文、殷广胜、夏振展、商霄、孙沛编著。第一、二章由商霄编著；第三章、第七章及阅读材料由殷广胜编著；第四章由孙沛编著；第五、六章由夏振展编著。全书由马腾文教授策划、统稿和审定。

本书在编著过程中，参考和借鉴了创新创业方面的相关文献资料和研究成果，谨向相关作者表示最诚挚的谢意。同时，由于编著者的专业知识和能力有限，加之时间仓促，书中不足之处在所难免，恳请广大读者提出宝贵意见，以便我们做进一步的完善。

编著者
2021 年 6 月

目 录

第一篇 创新教育篇 / 001

第一章 创新概念与创新能力 / 002

第一节 创新概念 / 002

一、创新的概念 / 002

二、创新的要素 / 002

三、创新的过程 / 003

第二节 创新能力 / 004

一、创新能力的含义 / 004

二、创新能力的构成要素 / 005

三、如何培养学生的创新能力 / 005

第二章 创新思维与创新方法 / 008

第一节 创新思维 / 008

一、创新思维的含义 / 008

二、创新思维的特征 / 008

三、创新思维的作用 / 009

第二节 突破创新思维障碍 / 010

一、常见的思维障碍 / 010

二、突破创新思维障碍的对策 / 012

第三节 培育创新思维的方法及途径 / 013

一、积累丰富的知识 / 013

二、坚持独立思考 / 013

三、冲破习惯束缚 / 014

四、提高联想能力 / 014

第三章　创新理论与创新实践 / 015

第一节　创新理论 / 015

一、创新扩散模型 / 015

二、熊彼特创新理论 / 016

第二节　创新实践与分类 / 018

一、创新与创业的关系 / 018

二、创新的分类 / 019

第二篇　创业教育篇 / 023

第四章　创业环境及形势 / 024

第一节　创业环境及形势分析 / 024

一、社会文化环境 / 024

二、经济环境 / 027

三、行业环境 / 028

第二节　创业条件 / 028

一、创业的要素 / 029

二、创业者的个性条件 / 029

三、创业政策支持 / 031

第五章　创业者的素质与能力 / 035

第一节　创业者的基本素质 / 035

一、良好的职业道德素质 / 035

二、强烈的创业意识 / 035

三、良好的心理品质 / 036

四、过硬的专业技术素质 / 036

五、强烈的竞争意识 / 037

第二节　创业者的基本能力和创业精神 / 039

一、创业能力 / 039

二、创业精神的培养 / 041

第三节　创业过程 / 041

一、创业类型 / 041

二、创业准备 / 043

三、创业过程的模型与分析 / 045

四、把握机遇 / 047

第六章　创业流程及技巧 / 050

第一节　行业及项目选择 / 050

一、行业分析 / 050

二、防范行业风险 / 052

三、项目选择的原则 / 053

第二节　创业计划书制定 / 054

一、编制创业计划书的意义和作用 / 054

二、创业计划书的基本格式 / 055

三、创业计划书的内容与要点 / 057

四、创业计划书的完善 / 063

第三节　创业计划的实施 / 065

一、企业组织形式的选择 / 065

二、创业企业设立的一般流程 / 075

第四节　创业政策 / 081

一、国家和政府支持毕业生创业 / 081

二、创业贷款政策解读 / 082

第七章　创业案例 / 085

一、一代传奇——乔布斯 / 085

二、乐于思考的高职创业者——聂云宸 / 086

三、强烈的创业意识——被拒绝了1009次的肯德基创始人 / 087

【阅读材料】

国务院关于强化实施创新驱动发展战略进一步推进大众创业万众创

新深入发展的意见　国发〔2017〕37 号 / 088

一、大众创业、万众创新深入发展是实施创新驱动发展战略的重要载体 / 088

二、加快科技成果转化 / 089

三、拓展企业融资渠道 / 090

四、促进实体经济转型升级 / 091

五、完善人才流动激励机制 / 092

六、创新政府管理方式 / 094

【阅读材料】

山东省人民政府关于助推新旧动能转换做好当前和今后一段时期就业

　　创业工作的意见　鲁政发〔2017〕27号 / 095

一、推动就业优先，聚焦新旧动能转换扩大就业 / 095

二、支持创业创新，打造富有活力的创业生态 / 097

三、优化人力资源供给，支撑新旧动能转换 / 099

四、做好重点群体、重点区域就业工作，稳住就业"基本盘" / 101

五、完善保障机制，切实抓好组织实施 / 102

参考文献 / 104

第一篇

创新教育篇

第一章
创新概念与创新能力

创新是一个民族进步的灵魂，是一个国家兴旺发达的不竭动力。近代以来人类文明进步所取得的丰硕成果，主要得益于科学发现、技术创新和工程技术的不断进步，得益于科学技术应用于生产实践中形成的先进生产力，得益于近代启蒙运动所带来的人们思想观念的巨大解放。可以这样说，人类社会从低级到高级、从简单到复杂、从原始到现代的进化历程，就是一个不断创新的过程。不同民族发展的速度有快有慢，发展的阶段有先有后，发展的水平有高有低，究其原因，民族创新能力的大小是一个主要因素。

第一节　创新概念

一、创新的概念

创新是指人们为了发展的需要，运用已知的信息，不断突破常规，发现或产生某种新颖、独特的有社会价值或个人价值的新事物、新思想的活动。它有三层含义，一是更新；二是创造新的事物；三是改变现状，就是对原有的东西进行改造、改革和发展。

从人类社会的发展过程看，创新是人类特有的认识能力和实践能力，是人类主观能动性的高级表现形式，是推动民族进步和社会发展的不竭动力。我们社会发展的现阶段，"创新"一词还包含了改革的意思，改革被视为经济发展的主要推动力，广泛运用于商业、技术、社会学以及建筑学这些领域的研究中，有着举足轻重的分量。

二、创新的要素

创新要素是指和创新相关的资源和能力的组合，通俗地讲，就是支持创新的人、财、物，以及将人、财、物组合的机制。创新要素主要有四个：创新者、机会、环境和资源。

创新者一般是指企业家。有时创新者除了企业家外，还可以是科研单位的研究人员、负责人或政府计划管理人员等。虽然创新者一般是企业家，但并非所有的企业家都是创新者，发明家也不一定是创新者。只有敢于冒风险，把新发明引入经济的企业家或发明家，才是创新者。创新者根据市场需求信息与技术进步信息，捕捉创新机会，通过把市场需求与技术上可能性结合起来，产生新的思想。这些新的思想在合适的经营环境和创新政策的鼓励下（包括合理的价格，公平的竞争，对技术创新的鼓励政策等），利用可得到的资源（包括人力资源、财力资源和技术资源），通过组织管理（研究开发、试生产、设计和生产、营销），从而形成技术创新。

在这四个创新要素中，一般说来创新者是能动的主体，其作用最主要。同时，创新成为人才的一大特征，也就有了创新人才的问题。那么，创新人才除了专业知识及技能外，还要具备完备的个性心理特征，如，要有自信，相信自己有能力改变；要有激情，为实现目标不懈奋斗；要担责任，控制失败风险和勇于承担失败后果。

三、创新的过程

不少杰出的创新都留下了动人的传说：瓦特看到壶盖被蒸汽顶起而发明了蒸汽机，牛顿被下落的苹果砸了头而发现了万有引力。研究创新的过程，是把过程看得比结果更为重要。由英国心理学家沃勒斯提出的"四阶段理论"认为创新的发展分 4 个阶段：准备期、酝酿期、明朗期和验证期。

（一）准备期

准备期是准备和提出问题阶段。一切创新是从发现问题、提出问题开始的。问题的本质是现有状况与理想状况的差距。爱因斯坦认为："形成问题通常比解决问题还要重要，因为解决问题不过牵涉到数学上的或实验上的技能而已，然而明确问题并非易事，需要有创新性的想象力。"准备期还可分为下列 3 步：
（1）对知识和经验进行积累和整理；
（2）收集必要的事实和资料；
（3）了解自己提出问题的社会价值，能满足社会的何种需要及价值前景。

（二）酝酿期

酝酿期也称沉思和多方思维发散阶段。在酝酿期要对收集的资料、信息进行加工处理，探索解决问题的关键，因此常常需要耗费很长时间，花费巨大精力，是大脑高强度活动时期。这一时期，要从各个方面，让各种设想在头脑中反复组合、交叉、撞击、渗透，按照新的方式进行加工。

为使酝酿过程更加深刻和广泛，还应注意把思考的范围从熟悉的领域，扩大到表面上看起来没有什么联系的其他专业领域，特别是常被自己忽视的领域。这样，既有利于冲破传统思维方式和"权威"的束缚，打破成见，独辟蹊径，寻找创新的突破口。有时也可把思考的问题暂时搁置一下，让习惯性思维被有意识地切断，以便产生新思维；再有，灵感思维的诱发规律告诉我们，大脑长时间兴奋后有意松弛，有利于灵感的闪现。

酝酿期的思维强度大，困难重重，常常百思不得其解，屡试难以成功；"山重水复疑无路"却又欲罢不能。此时良好的意志品质和进取性格就显得格外重要。因为这是酝酿期取得进展直至突破的心理保证。

（三）明朗期

明朗期即顿悟或突破期，寻找到了解决办法。明朗期很短促，很突然，呈猛烈爆发状态。久盼的创造性突破在瞬间实现，人们通常所说的"脱颖而出""豁然开朗""众里寻它千百度，蓦然回首，那人却在，灯火阑珊处。"等都是描述这种状态的。如果说，"踏破铁鞋无觅处"描绘的是酝酿期的话，"得来全不费功夫"则是明朗期的形象刻画。在明朗期灵感思维往往起决定作用。这一阶段的心理状态是高度兴奋甚至感到惊愕，像阿基米德那样，因在入浴时获得灵感而裸身狂奔，欣喜呼喊："我发现了！我发现了！"虽不多见，但完全可以理解。

（四）验证期

验证期是评价阶段，是完善和充分论证阶段。突然获得突破，飞跃出现在瞬间，结果难免稚嫩、粗糙甚至存在若干缺陷。验证期是把明朗期获得的结果加以整理、完善和论证，并且进一步得到充实。创新思维所取得的突破，假如不经过这个阶段，创新成果就不可能真正取得。论证一是理论上验证，二是放到实践中检验。

验证期的心理状态较平静，但需耐心、周密、慎重，不急于求成和不急功近利是很关键的。

第二节　创新能力

一、创新能力的含义

创新能力，按习惯的说法，也称为创新力。创新能力，是一种能够利用现有的知识和物质，在特定的环境中，本着理想化需要或为满足社会需求，而改进或创造新的事物，并能获得一定有益效果的一种行为能力。创新能力按主体分，最常提及的有国家创新能力、区域创新能力、企业创新能力等，并且存在多个衡量创新能力的创新指数排名。

创新能力是民族进步的灵魂、经济竞争的核心；当今社会的竞争，与其说是人才的竞争，不如说是人的创造力的竞争。如果这个世界没有创新能力，便不会有今日人类的文明，可能还同猩猩们一起过着钻木取火的原始生活，如果爱因斯坦、爱迪生等人没有创新能力，他们何以取得巨大的成就与收获。

二、创新能力的构成要素

日本学者提出创新活动的三个阶段：活力，指精力、魄力、冲动性、热情等的集合，是创新活动的第一阶段，它能呼唤出创新的强烈愿望。扩力，指思考力、探索力、冒险性等因素的共同效应，是创新活动的第二阶段。结力，指联想力、组合力等，是创新活动的第三阶段，是执行阶段。

美国创造心理学家提出创新能力由 8 个要素构成：

（1）知识：是人们对自然规律认识和经验的多少，知识主要靠学习和工作来获取。

（2）自学能力：是指钻研和探索未知事件的能力。

（3）好奇心：是提出问题、研究问题的前提。

（4）观察力：是发现问题、探索问题的基础。

（5）客观性：要求人们按照事物的本来面目去思考问题而不加任何个人偏见。

（6）怀疑态度：是使事物发展的要求。

（7）专心致志：能够集中精力，做自己的事情。

（8）毅力：是创新成功的必要条件。

三、如何培养学生的创新能力

21 世纪是知识经济时代，它的到来使我国教育面临着前所未有的机遇和挑战。知识经济是主要依靠知识创新和知识广泛传播发展的，以智力资源来创造财富的经济。创新的关键在于人才。无论是知识创新还是技术创新，无论是经济竞争还是科技竞争，归根到底还是要靠大量高素质的创新型人才，培养具有创新素质的人才是时代的迫切需要，也是一个国家富强及在国际竞争中立于不败之地的重要因素。

（一）课堂教学培养学生创新精神和创新能力

课堂是学生在校接受教育的主阵地，也是教和学的主要结合点，因此掌握了课堂教育就掌握了创新教育的主阵地。改革课堂教育可以从两个方向着手，一个是教学方法，另一个是教学规模。教学方法上，现行的职业院校教育主要是以讲授为主，教师在课堂上遵循着书本理论知识，以传授理论知识为教学的主要任务。这种教学模式是一直以来的传统教学，但这种讲授、理解、记忆的教学模式，不利于学生学习积极性的培养，更好的教学方法应该是吸引学生参与互动、理解、创新的学习模式。在网络技术发达的今天，急需升级课堂模式，将单向传授变为效率更高的双向互动模式，使学生迅速加深对知识点的理解，激发其学习热情。互动模式可以是启发式、讨论式、参与式等新教学方法。教学规模上，为了提高所有学生互动的参与率，小班化教学是发展趋势。教师作为前沿知识的研究者，有义务在教学中引入学科前沿知识和最新研究成果，让学生了解学科发展动态，激发其创新精神与创新意识。

（二）自主学习提高学生创新能力

在信息技术日益发达的今天，需要掌握知识的学习者可以很方便地从网络获取所需知识，学生的自主学习成为获取知识的重要途径。职业分工越来越精细、职业要求越来越高的今天，终身学习是任何职业者都不能避免的，自主学习终究会成为主要的学习方式，如果在教育阶段就可以熟练掌握自主学习的方法，对一个人的职业发展会带来很多好处。同时，虽然早期的自主学习或者无目的的自主学习存在效率较低的缺陷，但学生在习惯于自主学习后，可以有针对性地对自己感兴趣的内容进行学习，可以对学习内容进行深入研究或发散式研究，激发创新意识。

（三）实践指导培养学生创新能力

实践环节对学生创新能力的养成有重要作用，学校也越来越重视实践环节。通过对以往较为单一的实践过程进行改变，减少实验性实践内容，引入更多应用性、综合性实验，并将专题训练、社会实践、学术交流、创新创业、课程竞赛等多种模式引入实践环节，重视对学生能力培养。各种竞赛活动对学生的自主学习和实践参与有较好的激励作用，因此可以以竞赛活动为抓手，鼓励学生积极参与各种竞赛活动，并为获奖学生提供荣誉和物质上的奖励，形成积极参与各种学科竞赛的氛围。学校为支持学生积极参与各种实践环节，可以开放相关实验室供学生使用，通过合理的实验制度安排，提供场地上的支持鼓励学生成立各种学习性组织，自主确定实践任务、实践环节，并形成自我考核机制，培养学生创新能力。

（四）文化引领培养学生创新精神

创新精神受家庭环境、社会氛围、当地创新活动的活跃度等多种环境因素的影响，在当前创新成为社会有力声音的总体氛围下，学校应该对创新声音的传播达到清晰化的效果。职业院校应该引导学生倾听社会的声音，鼓励学生形成创新精神，并提供相应的支持服务。如学校可以举办各种创新讲座，邀请各行各业成功的创业人士到学校举办交流活动，同时开展创新实践活动，学校可以组织各类创新比赛，让有兴趣的学生参加。让学生通过比赛发现自己的优势和不足所在，让其积累一定的经验，使其在真正创新时避免弯路。

第二章
创新思维与创新方法

第一节　创新思维

一、创新思维的含义

创新思维是指以新颖独创的方法解决问题的思维过程，通过这种思维能突破常规思维的界限，以超常规甚至反常规的方法、视角去思考问题，提出与众不同的解决方案，从而产生新颖的、独到的、有社会意义的思维成果。

狭义上，创新思维是一种具有开创意义的思维活动，即开拓人类认识新领域，开创人类认识新成果的思维活动，它往往表现为发明新技术，形成新观念，提出新方案和决策，创建新理论；广义上，创新思维不仅表现为做出了完整的新发现和新发明的思维过程，而且还表现为在思考的方法和技巧上，在某些局部的结论和见解上具有新奇独到之处的思维活动。

二、创新思维的特征

（一）独创性或新颖性

创新思维在思路的选择上，或者在思考的技巧上，或者在思维的结论上，具有"前无古人"的独到之处，具有一定范围内的首创性、开拓性，具有创新思维的人是在前人、常人没有涉足，不敢前往的领域"开垦"出自己的一片天地的人，是站在前人、常人的肩上再前进一步的人，而不是在前人、常人已有的成就上踏步或仿效，被司空见惯的事物所迷惑的人。另外，具有创造性思维的人，对事物必须具有浓厚的创新兴趣，在实际活动中善于超出思维常规，对"完善"的事物、平稳有序发展的事物进行重新认识，以求新的发现。

（二）极大的灵活性

创造性思维并无现成的思维方法和程序可循，所以它的方式、方法、程序、途径等都没有固定的框架。进行创造性思维活动的人在考虑问题时可以迅速地从一个思路转向另一个思路，从一种意境进入另一种意境，多方位地试探解决问题的办法。例如面对一个处于世界经济趋于一体化、竞争日趋激烈之中的小企业的前途问题，企业的职业经理不能无动于衷或沿用老思路，否则，只有死路一条。企业职业经理必须或是考虑引进外资，联合办厂，或是改组企业的人力、财力、物力的配置结构，并进行技术革新，或是加强产品宣传，并在包装上下功夫，或是上述三者并用。

（三）艺术性

创造性思维活动是一种开放的、灵活多变的思维活动，它的发生伴随有"想象""直觉""灵感"之类的非逻辑。创造性思维活动具有极大的特殊性、随机性和技巧性，他人不可以完全模仿、模拟。创造性思维活动的上述特点同艺术活动有相似之处，艺术活动就是每个人充分发挥自己才能，包括利用直觉、灵感、想象等非理性的活动，在艺术活动的表面现象和过程中模仿，如梵高的名画《向日葵》，人们都可以去画"向日葵"，且大小、颜色都可以模仿，甚至临摹。

（四）对象的潜在性

创造性思维活动从现实的活动和客体出发，但它的指向不是现存的客体，而是一个潜在的、尚未被认识和实践的对象。例如，在改革浪潮席卷全球的今天，无论是发达国家，还是发展中国家，都在寻求适合本国国情的改革之路，那么，这条路究竟怎么走，各国正在探索，即各国分别依据本国所面临的各种现实情况，进行创造性的思索，大胆试验。所以，创造性思维的对象或者是刚刚进入人类的实践范围，尚未被人类所认识的客体；或者是人们虽然有了一定的认识，但认识尚不完全，还可以从深度和广度上加以进一步认识的客体，这两类客体无疑都带有潜在性。

（五）风险性

由于创造性思维活动是一种探索未知的活动，因此要受多种因素的限制和影响，如事物发展及其本质暴露的程度、实践的条件与水平、认识的水平与能力等，这就决定了创造性思维并不能每次都能取得成功，甚至有可能毫无成效或者得出错误的结论。

三、创新思维的作用

（一）创造性思维可以不断地增加人类知识的总量

创造性思维因其对象的潜在特征，表明它是向着未知或不完全知的领域进军，不断扩大着人们的认识范围，不断地把未被认识的东西变为可以认识和已经认识的东西，科学上每一次的发现和创造，都增加着人类的知识总量，为人类由必然王国进入自由王国不断地创造条件。

（二）创造性思维可以不断地提高人类的认识能力

创造性思维的特征已表明，创造性思维是一种高超的艺术，创造性思维活动及过程中的内在东西是无法模仿的。这内在的东西即创造性思维能力，这种能力的获得依赖于人们对历史和现状的深刻了解，依赖于敏锐的观察能力和分析问题能力，依赖于平时知识的积累和知识面的拓展。

（三）创造性思维可以为实践开辟新的局面

创造性思维的独创性与风险性特征赋予了它敢于探索和创新的精神，在这种精神的支配下，人们不满于现状，不满于已有的知识和经验，总是力图探索客观世界中还未被认识的本质和规律，并以此为指导，进行开拓性的实践，开辟出人类实践活动的新领域。

第二节　突破创新思维障碍

一、常见的思维障碍

（一）偏见思维

经验使我们昂首否定，经验还让我们低头认错，人们总是跳不出经验，它甚至让一切最大胆的幻想都打上了个人经验的偏见，就像作家贾平凹所津津乐道的某一个农民的最高理想："我当了国王，全村的粪一个不给拾，全是我的。"这似乎就是人们说的"乡村维纳斯效应"。

德波诺在《实用思维》一书中饶有兴味地描述了一种常见的社会现象："在僻静的乡村，村里最漂亮的姑娘会被村民当作世界上最美的人（维纳斯），在看到更漂亮的姑娘之前，村里的人难以想象出还有比她更美的人。"在村里，它是真理，在全世界，它就是偏见。

【阅读材料】

被经验淹死的驴子

一头驴子背盐渡河，在河边滑了一跤，跌在水里，那盐溶化了。驴子站起来时，感到身体轻松了许多。驴子非常高兴，获得了经验。后来有一回，它背了棉花，以为再跌倒，可以同上次一样，于是走到河边的时候，便故意跌倒在水中。可是棉花吸收了水，驴子非但不能再站起来，而且一直向下沉，直到淹死。

驴子为何死于非命？很重要的一个原因是它机械地套用了经验，受了经验偏见思维的影响，未能对经验进行改造和创新。

（二）利益偏见

所谓利益偏见指一种无意识的偏斜——对公正的微妙偏离。利益偏见更普遍的情况则是所谓的"鸡眼思维"，也就是马克思所说的："愚蠢庸俗、斤斤计较、贪图私利的人总是看到自以为吃亏的事情。"譬如，一个毫无修养的粗人常常只是因为一个过路人踩了他的鸡眼，就把这个人看作世界上最可恶和最卑鄙的坏蛋。他把自己的鸡眼当作评价人们行为的标准。

（三）惯性思维

所谓惯性思维就是思维沿前一思考路径以线性方式继续延伸，并暂时地封闭了其他的思考方向。

【阅读材料】

美籍俄国人阿西莫夫是世界著名的科普作家，他从小就很聪明，年轻时多次参加"智商测试"，得分总在 160 左右，属于"天赋极高"之人。有一次，他遇到了一位汽车修理工，是他的老熟人。

修理工对阿西莫夫说："嗨，博士，我来考考你的智力，出一道思考题，看你能不能正确回答。"阿西莫夫点头同意。修理工便开始出题："有一位聋哑人，想买几枚钉子，就来到五金商店，对售货员做了这样一个手势：左手食指立在柜台上，右手握拳作出敲击的样子。售货员见状，先给他拿来一把锤子，聋哑人摇摇头。于是售货员明白了，他想买的是钉子。"

"聋哑人买好了钉子，刚走出商店，接着进来一位盲人。这位盲人想要一把剪刀，请问，盲人将会怎么做？"

阿西莫夫顺口答道："盲人肯定会这样——"他伸出食指和中指，作出剪刀的形状。

听了阿西莫夫的回答，汽车修理工开心地笑起来："哈哈，答错了吧！盲人想买剪刀，只需要开口说'我买剪刀'就行了，他干吗要做手势啊？"

阿西莫夫只得承认自己回答得很愚蠢。而那位汽车修理工在考问前就认定他肯定答错，因为阿西莫夫"所受的教育太多了，不可能很聪明！"

（四）惰性思维

惰性思维是指人类思维深处存在的一种保守的力量，人们总是习惯用老眼光来看新问题，用曾经被反复证明有效的旧概念去解释变化世界的新现象。不去尝试，不敢冒险，因循守旧，大好的时机和自身无限的潜能被浪费，挫折和失败的悲剧便产生。

二、突破创新思维障碍的对策

创新思维障碍根源于创新主体的心智模式，并受到创新主体知识、经验和个人素质的制约。因此，克服创新思维的障碍，既要注重反思和探寻创新主体的心智模式，又要加强对创新主体创新思维原理的学习和训练。对创新主体来说，克服创新思维障碍的途径有：

（一）要有怀疑批判精神

由于传统观念、固定观念和思维定势都是存在于创新主体的潜意识之中，使创新主体不知不觉地受到它们的支配，因此，要想克服这些因素，就要求创新主体必须有反思传统、习惯的自觉意识，要敢于怀疑批判一切，不仅要有怀疑批判别人的精神，更要有怀疑批判自己的胆量和勇气，只有通过不断怀疑和批判，才能使创新主体冲破固定框架的束缚，在怀疑批判中不断创新。

（二）要克服胆怯心理

破除传统习惯，克服"唯上""唯书"的倾向，是需要有勇气的。因为传统的、权威的东西，同时也是为多数人所承认和接受的东西。突破它们就意味着向多数人支持的东西挑战。而这种挑战本身又不能保证次次成功，相反却经常伴随着挫折和失败。因此，这就特别需要创新者正确对待管理创新过程中的错误和曲折。要努力克服胆怯心理，如果处处怕犯错误，害怕失败就会陷于保守，就不敢突破原有的界限，也就谈不上开拓创新。

（三）要学会运用创新思维的原理和方法

为帮助人们突破传统、习惯和思维定势，现代创造学总结出一些有用的原理和方法，掌握这些原理和方法，能够帮助人们自觉抵制和克服各种创新思维障碍。如创新的逆向思维方法，就是把人们通常思考问题的习惯思路反过来，从相反的方向进行思考，逆向思维可帮助创新主体打破思维定势，找到解决问题的新思路。如果创新主体能够善于运用这些方法，就可以自觉地抵制传统观念、习惯观念及思维定势等的干扰，实现思维的不断创新。

第三节　培育创新思维的方法及途径

培育创新思维，是一切有志创新者的基本功。没有创新思维，就谈不上创新，人们的创新思维一旦形成，就会成为其自觉进行创新的力量源泉。

一、积累丰富的知识

知识是创新的基础。尤其在知识经济时代，知识就是财富，谁掌握了知识谁就掌握了创新的源泉，谁就赢得了财富。不学无术或知识浅薄可以偶然取得成功，但不可能取得持久成功。成功与财富永远属于掌握知识、勇于创新的人。

知识积累后可以进行各种知识的移植思想，就是将别的领域的知识与思想方法用到自己专注的领域，或者将自己的思想方法拓展到其他领域，也就是学科交叉，甚至学科横断或上升到哲学层次。首次要有一个习惯，就是一有什么想法，赶紧先记下来，然后不断完善，再然后就会想想是不是可以推广到相关领域，或者更宽的领域。其次就是实用性考虑，诸如可不可以用到日常生活或医学研究中去，可不可以申请专利、开发产品或工业化大生产。这样想的时候，也就会连带出更多配套性的问题，思维也就活跃了。

二、坚持独立思考

质疑是创新的前提，批判是创新的开始。由于人们认识的局限性，在创新过程中总不免会犯这样那样的错误。从某种意义上讲，人类社会发展的历史就是一部对错误进行批判和否定的历史。可以说没有否定就不会有创新。而批判和怀疑的关键在于独立思考，它是克服创新障碍、提高创新能力的基本途径。

在独立思考时，坚持分解与综合的原则，将关注的事物分解得足够细，越细越好，把大问题分解成无数个小问题，对每一个问题都细致考察一遍，你就可能找到突破口或开辟新的领地。比如，研究生物的，可以将多细胞的行为分解到单细胞水平，甚至单分子水平，这样必定会遇到很多技术问题，但也可能激发你建立新的技术体系。另外，对自己研究的领域，可以这样要求自己，即提出 200 个或更多个问题，在这 200 个问题中一定会有你的思想火花。爱因斯坦曾说过，提出问题往往比解决问题更重要，因为关键问题的提出，常常表明你已经意识到解决问题的突破口。

三、冲破习惯束缚

思想僵化和呆板的人不可能具有创新思维。创新主体只有走出固定的概念世界，打破思维模式，才会有"惊奇"地发现，如果这个惊奇的发现以及由惊奇发现产生的问题反作用于创新主体的思维，那么，便会使创新主体产生内在创新渴望，进而转化为创新行动。

下意识地问问自己的思维模式是不是一种定势，是否可以跳出来呢？这样想的时候，也许你可以感悟到自己的局限，并把思维带到另外的角度或方向，甚至可以天南海北自由驰骋，突破常规。

四、提高联想能力

联想能力是创新的驱动力，创新主体的联想能力愈强，就愈能把自己有限的知识和经验充分调动起来加以利用，愈能把与某种事物相关联的众多事物联系综合，愈能获得别人得不到的东西，进入到别人难以进入的领域。

自由联系，也就是头脑风暴，是一种发散思维。把大量不相关的东西放在一块，让他们任意组合，自由联系一下，再经过筛选分析，启发思维，寻找灵感。所以，有时候随便走走，或者随便翻翻不相关的书刊，跟无关的人员聊聊天，都可能启发思维，不一定要一直待在某个地方苦思冥想才叫工作。

第三章
创新理论与创新实践

第一节　创新理论

一、创新扩散模型

（一）理论基础

"创新扩散理论"是美国学者埃弗雷特·罗杰斯（E. M. Rogers）提出的，是对创新采用的各类人群进行研究归类的一种模型，它的理论指导思想是在创新面前，部分人会比另一部分人思想更开放，更愿意采纳创新。这个模型也被称为创新扩散理论（Diffusion of Innovations Theory），或多步创新流动理论（Multi-Step Flow Theory）或创新采用曲线（Innovation Adoption Curve）。

（二）发展阶段

创新扩散包括五个阶段。了解阶段：接触新技术、新事物，但知之甚少；兴趣阶段：发生兴趣，并寻求更多的信息；评估阶段：联系自身需求，考虑是否采纳；试验阶段：观察是否适合自己的情况；采纳阶段：决定在大范围内实施。

创新扩散的传播过程可以用一条"S"形曲线来描述：在扩散的早期，采用者很少，进展速度也很慢；当采用者人数扩大到居民的 10%～25% 时，进展突然加快，曲线迅速上升并保持这一趋势，即所谓的"起飞期"；在接近饱和点时，进展又会减缓。在创新扩散过程中，早期采用者为后来的起飞做了必要的准备。这个看似"势单力薄"的群体能够在人际传播中发挥很大的作用，劝说他人接受创新。在罗杰斯看来，早期采用者就是愿意率先接受和使用创新事物并甘愿为之冒风险的那部分人。这些人不仅对创新初期的种种不足有着较强的忍耐力，还能够对自身所处各群体的意见领袖展开"游说"，使之接受以至采用创新产品。之后，创新又通过意见领袖们迅速向外扩散。这样，创新距其"起飞期"的来临已然不远。罗杰斯指出，创新事物在一个社会系统中要能继续扩散下去，首先必须有一定数量的人采纳这种创新物。通常，这个数量是人口的 10%～20%。创新扩散比例一旦达到临界数量，扩散过程就起飞，进入快速扩散阶段。饱和点（saturated point）的概念是指创新在社会系统中一般不能100％扩散，事实上，很多创新在社会系统中最终只能扩散到某个百分比。当系统中的创新采纳者再也没有增加时，系统中的创新采纳者数量（绝对数量表示）或创新采纳者比例（相对数量表示），就是该创新扩散的饱和点。

（三）创新扩散模型的五个焦点

一是对创新成果采用与否有重要影响的创新活动自身的特征；二是人们在考虑一个新主意、一件新产品或一项新项目时所采取的决策过程；三是采用创新人群的一些个人特征；四是个人或社会采用创新的后果和影响；五是采用创新过程中的沟通渠道。

（四）创新采用曲线

创新者（innovators）他们是勇敢的先行者，自觉推动创新。创新者在创新交流过程中，发挥着非常重要的作用。早期采用者（early adopters）他们是受人尊敬的社会人士，是公众意见领袖，他们乐意引领时尚、尝试新鲜事物，但行为谨慎。早期采用人群（early majority）他们是有思想的一群人，也比较谨慎，但他们较之普通人群更愿意、更早地接受变革。后期采用人群（lateMajority）他们是持怀疑态度的一群人，只有当社会大众普遍接受了新鲜事物的时候，他们才会采用。落伍者（laggards）他们是保守传统的一群人，习惯于因循守旧，对新鲜事物吹毛求疵，只有当新的发展成为主流、成为传统时，他们才会被动接受。

创新采用曲线说明，试图快速印证、广泛采用全新的、争议中的创新主意，是不现实的。促进创新采用的最好的方法是，首先说服创新者与早期采用者。在沟通过程中，还可以结合创新类别与采用百分比，更为准确地估计目标群体。

二、熊彼特创新理论

（一）理论内容

熊彼特以"创新理论"解释资本主义的本质特征，解释资本主义发生、发展和趋于灭亡的结局，就是强调生产技术的革新和生产方法的变革在经济发展过程中的至高无上的作用。

熊彼特指出，每个长周期包括六个中周期，每个中周期包括三个短周期。短周期约为40个月，中周期约为9～10年，长周期为48～60年。他以重大的创新为标志划分。根据创新浪潮的起伏，熊彼特把资本主义经济的发展分为三个长波：

（1）1787～1842年是产业革命发生和发展时期；

（2）1842～1897 年为蒸汽和钢铁时代；

（3）1898 年以后为电气、化学和汽车工业时代。

熊彼特认为，所谓创新就是要"建立一种新的生产函数"，即"生产要素的重新组合"，就是要把一种从来没有的关于生产要素和生产条件的"新组合"引进生产体系中去，以实现对生产要素或生产条件的"新组合"；作为资本主义"灵魂"的"企业家"职能就是实现"创新"，引进"新组合"；所谓"经济发展"就是指整个资本主义社会不断地实现这种"新组合"，或者说资本主义的经济发展就是这种不断创新的结果；而这种"新组合"的目的是获得潜在的利润，即最大限度地获取超额利润。

（二）主要观点

第一，创新是生产过程中内生的。他说："我们所指的'发展'并非从外部强加于它的，而是从经济生活内部自行发生的变化。"尽管投入的资本和劳动力数量的变化，能够导致经济生活的变化，但这并不是唯一的经济变化；还有另一种经济变化，它是不能用从外部得到的数据来说明的，它是从体系内部发生的。这种变化是那么多的重要经济现象的原因，所以，为它建立一种理论似乎是值得的。这种另一种经济变化就是"创新"。

第二，创新是一种"革命性"变化。熊彼特曾作过这样一个形象的比喻：你不管把多大数量的驿路、马车或邮车连续相加，也决不能得到一条铁路。"而恰恰就是这种'革命性'变化的发生，才是我们要涉及的问题，也就是在一种非常狭窄和正式的意义上的经济发展的问题。"这就充分强调创新的突发性和间断性的特点，主张对经济发展进行"动态"性分析研究。

第三，创新同时意味着毁灭。一般说来，"新组合并不一定要由控制创新过程所代替的生产或商业过程的同一批人去执行"，即并不是驿路、马车的所有者去建筑铁路，而恰恰相反，铁路的建筑意味着对驿路、马车的否定。所以，在竞争性的经济生活中，新组合意味着对旧组织通过竞争而加以消灭，尽管消灭的方式不同。如在完全竞争状态下的创新和毁灭往往发生在两个不同的经济实体之间；而随着经济的发展，经济实体的扩大，创新更多地转化为一种经济实体内部的自我更新。

第四，创新必须能够创造出新的价值。熊彼特认为，先有发明，后有创新；发明是新工具或新方法的发现，而创新是新工具或新方法的应用。"只要发明还没有得到实际上的应用，那么在经济上就是不起作用的。"因为新工具或新方法的使用在经济发展中起到作用，最重要的含义就是能够创造出新的价值。把发明与创新割裂开来，有其理论自身的缺陷；但强调创新是新工具或新方法的应用，必须产生出新的经济价值，这对于创新理论的研究具有重要的意义。所以，这个思想为此后诸多研究创新理论的学者所继承。

第五，创新是经济发展的本质规定。熊彼特力图引入创新概念以便从机制上解释经济发展。他认为，可以把经济区分为"增长"与"发展"两种情况。所谓经济增长，如果是由人口和资本的增长所导致的，并不能称作发展。"因为它没有在本质上产生新的现象，而只有同一种适应过程，像在自然数据中的变化一样。""我们所意指的发展是一种特殊的现象，同我们在循环流转中或走向均衡的趋势中可能观察到的完全不同。它是流转渠道中的自发的和间断的变化，是对均衡的干扰，它永远在改变和代替以前存在的均衡状态。我们的发展理论，只不过是对这种现象和伴随它的过程的论述。"所以，"我们所说的发展，可以定义为执行新的组合。"这就是说，发展是经济循环流转过程的中断，也就是实现了创新，创新是发展的本质规定。

第六，创新的主体是"企业家"。熊彼特把"新组合"的实现称为"企业"，那么以实现这种"新组合"为职业的人们便是"企业家"。因此，企业家的核心职能不是经营或管理，而是看其是否能够执行这种"新组合"。这个核心职能又把真正的企业家活动与其他活动区别开来。每个企业家只有当其实际上实现了某种"新组合"时才是一个名副其实的企业家。这就使得"充当一个企业家并不是一种职业，一般说也不是一种持久的状况，所以企业家并不能形成一个从专门意义上讲的社会阶级。"熊彼特对企业家的这种独特的界定，其目的在于突出创新的特殊性，说明创新活动的特殊价值。但是，以能否实际实现某种"新组合"作为企业家的内在规定性，这就过于强调企业家的动态性，这不仅给研究创新主体问题带来困难，而且在实际生活过程中也很难把握。

第二节　创新实践与分类

一、创新与创业的关系

创新实践就是在传统思维的基础上运用各种技法进行创新并在生活中去实践。比如说在原来没有的基础上，再发明创立一些东西事物，叫作创新，再到生活中去做一些事情叫作实践。

创新的价值就在于潜在的知识、技术和市场机会转化为现实生产力，实现社会财富增长，造福人类社会，而实现这种转化的根本途径就是创业。

创业是一个从无到有的实践，本质上是人们的一种创新性实践活动。无论是何种性质、类型的创业活动，它们都有一个共同的特征，即创业是主体的一种能动的、开创性的实践活动。

创新是创业的基础；创新的成效，只有通过未来的创业实践来检验；创业是创新的载体和表现形式，创业的成败根本依仗创新教育的根基扎实程度；创新是对人的发展总体的把握，创业着重于对人的价值具体的体现；二者相互促进又相互制约，是密不可分的辩证统一体。创新与创业内容的相似，并不说明二者可以相互替代。

二、创新的分类

（一）知识创新

知识创新是指通过科学研究，包括基础研究和应用研究，获得新的基础科学和技术科学知识的过程。知识创新的目的是追求新发现、探索新规律、创立新学说、创造新方法、积累新知识。

1. 知识创新的特征

（1）独创性。知识创新是新观念、新设想、新方案及新工艺等的采用，它甚至破坏原有的秩序。知识创新实践常常表现为勇于探索、打破常规，知识创新活动是各种相关因素相互整合的结果。

（2）系统性。知识创新可以说是一个复杂的"知识创新系统"，在实际经济活动中，创新在企业价值链中的各个环节都有可能发生。

（3）风险性。知识创新是一种高收益与高风险并存的活动，它没有现成的方法、程序可以套用，投入和收获未必成正比，风险不可避免。

（4）科学性。知识创新是以科学理论为指导，以市场为导向的实践活动。

（5）前瞻性。有些企业，只重视能够为当前带来经济利益的创新，而不注重能够为将来带来利益的创新，而知识创新则更注重未来的利益。

2. 知识创新是提升企业竞争力的源泉

（1）知识创新是企业创新能力的基础。创新是知识创造的一种表达形式。从知识管理的角度来看，知识管理大体可以分为三个阶段，即知识采集、知识利用和知识创造，通常前者是后者的条件，企业需要的是持续、系统的创新能力。在企业核心竞争力的培育过程中，知识创新始终是基础，只有新知识不断地涌现，才会有新的创新能力，才会有新的发展动力，才能够带动企业向前发展。只有这样，企业核心竞争力才能使企业保持长久的竞争优势。因此知识创新是企业核心竞争力的基础。

（2）知识创新推动组织创新，从而形成核心竞争力。知识创造是知识管理工作的最终目的，由知识创造而形成的企业创新能力是现代企业的一项重要的核心竞争优势，一个企业如何提升自身的创新能力是一个复杂的问题。首先这是建立在大量知识流动的基础上，因为流动速度的提高会使知识之间的碰撞概率增大，知识之间的碰撞是知识创造的基础。文化是推动知识之间的碰撞以实现更好的知识创造的主要推动力量，注重企业学习、变革和成长的企业文化将促使员工进行积极的思考和知识转化。核心竞争力是建立在快速的知识创新基础之上的，它又是通过组织创新来表现出来的。

（3）知识创新从整体战略来推动核心竞争力的培育。实际上知识管理是一个难以真正分割成为明确的几个部分的企业整体行为，而每一种手段都在各个部分起着或多或少的作用。但从整体来看，信息技术是知识管理的基础，所以知识管理从信息技术的角度看，已经完全演变成为企业信息系统的一个部分。由于知识管理是一个复杂的企业战略信息化的应用，所以单纯的信息系统是不足的，而这里所讨论的内容将系统地推动着知识管理工作，最终实现知识创造，企业将体会创新所建立的核心竞争优势超越了有形资产博弈的层面，为企业带来战略优势。

（二）技术创新

技术创新是指生产技术的创新，包括开发新技术，或者将已有的技术进行应用创新。科学是技术之源，技术是产业之源，技术创新建立在科学道理的发现基础之上，而产业创新主要建立在技术创新基础之上。技术创新和产品创新有密切关系，又有所区别。技术的创新可能带来但未必带来产品的创新，产品的创新可能需要但未必需要技术的创新。一般来说，运用同样的技术可以生产不同的产品，生产同样的产品可以采用不同的技术。产品创新侧重于商业和设计行为，具有成果的特征，因而具有更外在的表现；技术创新具有过程的特征，往往表现得更加内在。产品创新可能包含技术创新的成分，还可能包含商业创新和设计创新的成分。一方面，技术创新可能并不带来产品的改变，而仅仅带来成本的降低、效率的提高，例如改善生产工艺、优化作业过程从而减少资源浪费、能源消耗、人工耗费或者提高作业速度。另一方面，新技术的诞生，往往可以带来全新的产品，技术研发往往对应于产品或者着眼于产品创新；而新的产品构想，往往需要新的技术才能实现。

根据技术创新理论的代表人物莫尔顿·卡曼和南赛·施瓦茨的研究，决定技术创新的因素有三个：

（1）竞争程度。竞争引起技术创新的必要性。竞争是一种优胜劣汰的机制，技术创新可以给企业带来降低成本、提高产品质量和经济效益的好处，帮助企业在竞争中占据优势。因此，每个企业只有不断进行技术创新，才能在竞争中击败对手，保存和发展自己，获得更大的超额利润。

（2）企业规模。企业规模的大小从两方面影响技术创新的能力，一方面，因为技术创新需要一定的人力、物力和财力，并承担一定的风险。规模越大，这种能力越强。另一方面，企业规模的大小影响技术创新所开辟的市场前景的大小，一个企业规模越大，它在技术上的创新所开辟的市场也就越大。

（3）垄断力量。垄断力量影响技术创新的持久性。垄断程度越高，垄断企业对市场的控制力就越强，别的企业难以进入该行业，也就无法模仿垄断企业的技术创新，垄断厂商技术创新得到的超额利润就越持久。他们认为，"中等程度的竞争"即垄断竞争下的市场结构最有利于技术创新。在这种市场结构中，技术创新又可分为两类：一是垄断前景推动的技术创新，指企业由于预计能获得垄断利润而采取的技术创新。二是竞争前景推动的技术创新，指企业由于担心自己目前的产品可能在竞争对手模仿或创新的条件下丧失利润而采取的技术创新。

技术创新主要以企业活动为基础，企业的创新活动需要有一定的动力和机制。在市场经济条件下，作为自主经营、自负盈亏的经济主体，企业之间存在着竞争，要生存和发展，就必须争取市场，否则就会在竞争中被淘汰。要扩大市场，就必须在成本、产品质量、价格上占优势，这就迫使企业必须进行技术创新。企业在市场竞争中求生存和发展，这是促进企业技术创新的必要条件。技术创新也需要有良好的宏观环境。企业进行技术创新的主要动力是获取高额利润，只有对经济前景有乐观的预期时，才愿意进行技术创新，这就要求宏观经济能稳定增长。政府的主要经济职能就是稳定经济，减少经济波动。完善的社会保障制度是企业进行技术创新的后盾，否则，技术创新的风险会使一些企业难以承受。国家还应从财政、信贷、公共投资等方面保证技术创新的资金供应。

（三）模式创新

1. 管理模式创新

管理模式的创新是指企业针对管理的某一个或某几个职能方面的模式（如生产管理模式、财务管理模式、人力资源管理模式、营销管理模式等）所做的综合性创新。

管理模式创新主要体现了五个方面内容：一是强调人本观念，一切以人为出发点，注重对人的积极性及创造性的激励的管理思想；二是突出择优决策观念，经过多角度、多因素分析后，将多个方案进行对比，择优选择；三是突出系统观念，做到个体与整体的协调配合，从整体出发，使整体功能得到优化的管理思想；四是突出战略观念，其观念主要是围绕着企业长远发展而进行的，突出强调管理行为必须要高瞻远瞩，作为企业管理者，要有远见和超前思维；五是突出权变观念，随时改变管理行为，应因人因事因时因地而宜。

2. 商业模式创新

商业模式创新是指企业价值创造的基本逻辑，即企业在一定的价值链或价值网络中如何向客户提供产品和服务并获取利润。商业模式创新是改变企业价值创造的基本逻辑以提升顾客价值和企业竞争力的活动，既可能包括多个商业模式构成要素的变化，也可能包括要素间关系或者动力机制的变化。其特征包括：

（1）提供全新的产品或服务，开创新的产业领域或以前所未有的方式提供已有的产品或服务。如摩拜等开创共享经济，引发全新的共享产业领域，是前所未有的。京东、当当、卓越等网店卖的书和其他零售书店没什么不同，但卖的方式全然不同。西南航空提供的也是航空服务，但它提供的方式，也不同已有的全服务航空公司。

（2）其商业模式至少有多个要素明显不同于其他企业，而非少量的差异。如小米手机不同于传统手机企业，主要以年轻人为主要目标客户，提倡"性价比"等。京东、当当、卓越卖书相比传统书店，其产品选择范围广，通过网络销售，在仓库配货运送等。

（3）有良好的业绩表现，体现在成本、赢利能力、独特竞争优势等方面。如京东、美团等虽然早期均未能赢利甚至还一直亏损，但它的未来是可期的，是充满希望的。互联网给予这类企业强于竞争对手数倍的存货周转速度给它带来独特的优势。

互联网的出现改变了基本的商业竞争环境和经济规则，标志"数字经济"时代的来临。互联网使大量新的商业实践成为可能，一批基于它的新型企业应运而生。新涌现的一些企业，如阿里巴巴、腾讯、字节跳动等，在短短几年时间里，就取得巨大发展，产生了强力的示范效应。这些基于互联网的新型企业的出现，对许多传统企业也产生深远冲击与影响。对于创业者和企业家来讲，这些都激励他们在这个经济变革时期，从根本上重新思考企业的运营方式，思考自己企业商业模式，商业模式创新开始受到重视。

商业模式创新促使企业盈利方式发生了巨大的变革。比如 IBM 从硬件制造商转变为咨询、服务和软件公司是"做得更好"，而劳斯莱斯从制造高质量的飞机引擎变为一家"按飞行小时包修"的服务公司是"做得不同"。海尔集团由以制造业为主转变为"协同共享、共创共赢——人单合一双赢模式"的共创模式。此外还有：B2B 电子商务模式（阿里巴巴），娱乐经济新模式（我是歌手），新直销模式（化妆品），国美模式（国美苏宁），C2C 电子商务模式（淘宝），分众模式（分众传媒、户外广告），虚拟经营（耐克），经济型连锁酒店模式（如家），网络游戏模式（网易），网络搜索模式（百度、排名）等。

模式创新除了上述管理模式创新、商业管理模式创新外，还有产业模式创新、企业管理模式创新等。

第二篇
创业教育篇

第四章
创业环境及形势

创新创业是时代的最强音，加强创新创业教育，培养创新创业人才，是创新驱动发展、建设创新型国家的迫切要求，是解决区域发展难题、提高毕业生就业质量的必然要求，也是改变传统教育模式、加快高校变革发展的现实选择。

我们正处在一个创业的时代。大众创业、万众创新的理念正日益深入人心，创业、创新已经成为时代的主旋律。职业院校学生应该抓住这一难得的历史机遇，提高自身素质，培养创业能力，为今后的成功创业、实现辉煌人生打下坚实基础。

第一节　创业环境及形势分析

一、社会文化环境

党的十八大明确提出，要加大创新创业人才培养支持力度。习近平总书记多次做出重要指示，要求加快教育体制改革，注重培养学生创新精神，造就规模宏大、富有创新精神、敢于承担风险的创新创业人才队伍。李克强总理强调"大众创业 万众创新"核心在于激发人的创造力，尤其在于激发青年的创造力。这充分表明国家对毕业生创业的重视，注重以创业带动就业。

1. 创业是解决当今就业问题的根本途径

党和政府一直高度重视就业问题。大众创业正是增加和扩大就业的重要途径。国家鼓励劳动者自主创办经营实体，以创业带动就业，有利于增加居民收入、促进充分就业。万众创新是实现经济转型升级的重要途径。2015年政府工作报告中明确提出要打造"大众创业、万众创新"，国家出台了《关于发展众创空间推进大众创新创业的指导意见》，2016年5月国务院办公厅印发《关于建设大众创业万众创新示范基地的实施意见》，系统部署双创示范基地建设工作，为在更大范围、更高层次、更深程度上推进大众创业和万众创新，加快发展新经济，对推动创业和创新具有指导作用。

根据教育部官方数据，2020年高校毕业生人数为874万，2021年首次突破900万大关，达到了909万。由于2020年初的"新冠疫情"的影响，对大学生就业造成了严峻考验，李克强总理在2020年政府工作报告中提出了"六保"和"六稳"，首次将保就业放在首位，足以看出就业的严峻形势。而创业是就业的一种很好的解决方式。

近年来，我国大众创业发展很快，大学毕业生、留学归国人员和返乡农民工等正成为大众创业的主要群体。据相关数据统计，2017届大学毕业生半年后自主创业的比例为2.9％，与2016届、2015届（均为3.0％）基本持平；2017届高职高专毕业生半年后自主创业的比例（3.8％）高于本科毕业生（1.9％）。从近三届的趋势可以看出，大学毕业生自主创业的比例呈现平稳态势。

据调查显示，在创业毕业生中，实现创业理想是毕业生自主创业最重要的动力，占比达到46％以上，大学毕业生因找不到合适的工作才创业的比例较小，仅为7％。留学归国人员不断增加，2008年只有5万人，2019年约58.03万人，2021年预计将达到80万人以上，将创历史新高。在留学归国人员中，自主创业者已占15％以上。

2. 创业是就业的高级形式

创业是诞生企业家的主要方式之一。创业也是企业家精神的一种重要表现。企业家是国家、民族的财富。近几年中国白手起家的企业家在榜单中的位置正节节攀升，例如百度创始人李彦宏、腾讯创始人马化腾和阿里巴巴创始人马云等。他们全都打造出能与美欧和日本同行相媲美的真正企业：都从消费者及其需求入手，提供顺应需求以及具有创新意义的产品和服务，并在这一过程中不断积累个人财富。

3. 创新创业是国家战略，是国家发展之根，是民族振兴之魂

习近平总书记鲜明指出，创新是引领发展的第一动力，"创业梦、中国梦"有利青年开启创业理想。今天的中国，大众创业、万众创新的时代潮流正在蓬勃涌动。切实增强深入推进高校创新创业教育改革的责任感紧迫感，全面提高人才培养质量，努力造就大众创业、万众创新的生力军。

据教育部统计，2020年以来，全国已有82％的高校开设了创新创业的必修课或选修课，开设创业教育的课程门数比去年增加了14％；设立的创新创业资金达到了10.2亿元，吸引校外资金达到了12.8亿元。高校设立的创业基地数量也增加了18％，场地面积增加了近20％，大学生参与创业创新活动的人次达到了300多万。

4. 创业是当今社会促进民族进步的重要手段

创业的内核是创新，没有创新，谈不上创业。而创新是一个民族振兴的不竭动力。据统计，如今美国95％的财富是由1980年以后受到良好创业教育的创业一代所创造的，创业已经成为美国经济持续增长的重要推动力。据麻省理工学院的一项统计显示，自1990年以来，该学院的毕业生和教师平均每年创办150家新公司，截止到1999年该校毕业生已经创办了4000多家公司，雇佣110万多人。近年来该校还培养了9名亿万富翁。可见，毕业生创业对美国经济发展做出了重要贡献。

我国创业教育的兴起较晚，1997年清华大学发起的首届"清华大学创业计划大赛"拉开了创业教育的序幕；2002年4月教育部高等教育司在北京召开的普通高校创业教育试点工作座谈会上提出：对学生进行素质教育，培养具有创新精神和创造、创业能力的高素质人才是当前高等学校的重要任务，并开始在清华大学等9所高校试点创业教育。此后，在全国各个高校中陆续成立创业学院、创业中心等开展对学生创业教育的管理、研究和教学、实践工作。

当前我国自主创新能力不够，已经成为制约我国成为自主创新型国家的瓶颈。有统计资料显示，在对外技术依存度上，美国和日本只有5％，而我国则高达50％以上。总体上讲，我国自主创新能力不足，核心技术受制于人。尽管我国各个产业的技术水平和自主创新能力有不同程度的提高，个别产业在国际上也具备了一定的竞争力，但总体来看，产业自主创新能力仍然较弱，与发达国家相比还有较大差距。主要表现为我国产业技术中的核心专利技术少。在高技术领域，美国、日本拥有的专利占世界专利总量的90％左右，包括中国在内的其他国家仅仅占有10％。缺少自主知识产权的核心技术，成为我国产业进一步发展和进入国际市场的瓶颈；并且引进技术消化再创新能力薄弱，引进技术没有与自主创新和提高产业竞争力结合起来；同时以企业为主体、产学研结合的技术创新体系还尚未形成；国家投入也相对不足。20世纪90年代我国研发投入在GDP的占比一直徘徊在1％以下，2014年占比为2.09％，虽然有明显的提高。但仍然低于美国、日本和韩国等发达国家的研发投入占GDP的比重。

随着我国的逐步崛起，不可避免地遇到了少数大国的遏制。比如各种各样的贸易战、金融战、科技战等。这就需要我国必须大力发展创新创业。中华民族一定能够在困难面前更加强大。德国德累斯顿HSEB公司战略部主任克林格尔表示，"人才是创业的根本动力，中国在这点上，有着别国难以匹敌的储备。"党和政府也大力支持创新创业，积极组织各类创新创业大赛，比如"中国互联网＋大学生创新创业大赛""中国创新创业大赛"等各类高级版大赛，秉承"政府引导、公益支持、市场机制"的模式，聚焦国家战略和重大需求，围绕产业链部署创新链，突出战略性新兴产业重点领域，强化企业技术创新主体地位，建立健全企业为主体、市场为导向、产学研深度融合的创新要素集聚平台，不断激发市场主体活力、促进高水平创新创业、持续深化新动能培育。以赛促创，引领大学生合理、正确创业。

目前我国创业教育、创新精神培养如火如荼，但是职业院校学生创业仍存在一些问题。一方面，当前我国职业院校学生创业缺少高科技含量的项目，无论在校生，还是毕业后的学生都是从事技术含量较低的小本经营。另一方面，我国职业院校学生的创新能力还不够，而在创业的大学毕业生中，成功的人又是凤毛麟角，学生创业成了一个沉甸甸的话题。此外知识掌握、创业经验以及自信心等因素导致创新能力不高。

二、经济环境

我国正处在一个转型时期，处于一个伟大时代。这个时代推陈出新，瞬息万变，多姿多彩，焕发勃勃生机，孕育着无限商机。这正是学生自主创业、大显身手的良好时机。无论是世界经济还是国内发展趋势都为创业者提供了良好的机遇。

从世界经济发展情况看，世界正处于知识经济时代，高新技术产业迅猛发展，为科技人员创业提供了广阔的市场。在传统经济时代，创业需要大量的资金、人力和物力，这些传统的生产要素是决定企业成败最为关键的因素。知识经济时代企业发展更重要的是知识、技术，尤其是高新技术，拥有高新知识的高新人才成为最重要的生产要素。这对于缺乏大量资金，缺乏大量人力和物力，但是拥有一定知识技能的学生而言，无疑是一个良好的时机。比如，知识就业者、信息就业者、网络就业者、数字就业者的大量涌现，成为知识经济时代的风向标。

从我国经济社会发展情况看，产业结构调整为学生创业者提供了绝好的机遇。改革开放40年来，中国取得了举世瞩目的伟大成就，随着经济社会的进一步推进，经济发展方式进一步转变，产业结构调整也进一步加快步伐。新产业、新业态、新产品不断涌现，尤其在互联网信息技术的催化融合下，传统行业转型升级，新兴产业不断涌现。云计算、物联网、移动互联网、电子商务、互联网金融、在线医疗、网络教育等蓬勃发展快速壮大，对经济增长的支撑作用日益增强。

信息消费发展迅速。2014年，全国网上零售额27898亿元，增长49.7%，增速比社会消费品零售总额快37.7个百分点，相当于社会消费品零售总额的10.6%。

即使受到疫情的严重影响，2020年中国数字经济增加值规模达39.2万亿元，同时数字经济占GDP比重逐年提高，2020年达38.6%。从三次产业的数字经济渗透率来看，渗透率逐年上升，其中第三产业数字经济发展显著优于第一、第二产业。依托数字化知识及信息，以信息网络为载体，以数字技术为驱动，数字经济将在新经济业态下创造更多产能。

在线教育、健康产业、新零售、直播带货、跨境电商、物联网等得到快速发展。中国已经逐渐由"互联网＋"向"5G＋"转变，创业市场尤其巨大。这些新产业、新业态、新产品、新模式尽管规模数量还不足够大，但代表着新兴的增长动力，蕴含着巨大的发展潜力。新的行业、新的产业、新的投资主体将迅速崛起。

随着我国加快落实创新驱动发展战略，主动适应和引领经济发展新常态，大众创业、万众创新的新浪潮席卷全国，并且仅在 2014 年，国务院和相关部委就出台了 13 个关于促进创业创新的文件，这其中包括了简政放权、金融支持等多个方面的鼓励扶持政策，为大众创业松绑。2015 年，国务院又设立了总额在 400 亿元人民币的"国家新兴产业创业投资引导基金"来助力创业创新。各地政府也积极为大学生创业提供资金、税收支持和各种便利条件。这一切都为学生创业带来了无限商机。

三、行业环境

行业一般是指其按生产同类产品或具有相同工艺过程或提供同类劳动服务划分的经济活动类别，如饮食行业、服装行业、机械行业等。随着社会的发展，科技的进步，生活的多元化以及人们需求的个性化、差异化、复杂化，社会分工越来越细，新兴行业和职业不断涌现。据统计，我国目前已经有 1000 多种新兴职业，并且还有逐年增加的趋势，比如新闻线人、道歉人、换衣娘、聊天护士、茶艺师、私人理财师、私人形象顾问、网络管理师、信息管理员等，这些新兴行业和职业的兴起，正像一场风暴一样，以势不可挡的趋势卷入潜力无穷的劳动力市场，也为在校生和毕业生自主创业带来了新的希望。

事实上，不少毕业生，由于经验缺乏、资金不足、人手不够、不容易一下子就创立一个很大的公司，往往是从一些不起眼的小的新兴的行业做起，然后逐渐做大，最后成功转型。

2019 届中国大学毕业生自主创业比例平稳，教育、文娱、零售为创业主要行业。互联网服务行业、教育和培训行业、新型农业、文化传媒和移动互联网行业市场潜力巨大，具有巨大的创业机遇。

虽然如今创业市场商机无限，但对资金、能力、经验都有限的学生创业者来说，并非"遍地生金"，学生创业者只有根据自身特点，找到适合自己的行业领域，找准"落脚点"，才能创造出一片真正适合自己的新天地。如果能从自己熟知的领域入手，就能避免许多"外行领导内行"的尴尬，大大提高创业的成功率。

第二节　创业条件

每个毕业生都希望自己就业成功、创业成功，但你是否知道，要成为一名成功的创业者应具备哪些素质，哪些创新精神？

一、创业的要素

创业就是具有创业精神的创业者、商业机会、组织与技术、资金、人力资本等资源相互作用、相互配置，以创造产品和服务的动态过程。

（1）创业者是创业过程中处于核心地位的个人或团队，是创业的主体，其素质和能力是创业成功的第一要素。创业者在创业过程中起着关键的推动和领导作用，包括识别商业机会、创建企业组织、融资、开发新产品、获取和有效配置资源、开拓新市场等。

（2）商业机会就是创业机会，指没有被满足的市场需求，或市场中现有企业留下的空缺。商业机会它意味着顾客能得到比当前更好的产品和服务的潜力，它是创业的起始点和创业过程的核心。

（3）组织是协调创业活动的系统，是创业的载体、资源整合的平台。创业型组织的特征是创业者的强有力领导和缺乏正式的结构和制度。从广义来说，它是以创业者为核心形成的关系网络，不仅包括新设组织内的人，还包括外部的人或组织，如顾客、供应商和投资人。

技术是一定产品或服务的重要基础。产品与服务当中的技术含量及其所占比例，是企业满足社会和市场需求的支持保障，是企业的核心竞争力。

资源是组织中的各种投入，包括人、财、物等，它不仅指有形资产，如厂房、机器设备，也包括无形资产，如专利、品牌；不仅包括个人资源，如个人技能、经营才能，也包括社会网络资源，如信息、情感支持、金融资本等。

（4）资金对于处在不同发展阶段的企业来说都是非常重要的。在企业快速发展时期，资金的缺口将直接限制企业的发展壮大，在创业之初，主要靠自筹资金，对于符合一定条件的创业者，也有可能获得一定的政府扶持资金。

（5）人力资本是创业的重要资源投入。创业成功的关键在于创业者的识人、留人、用人能力。建立人力资本的核心包括：形成创业的核心团队，制定有利的政策制度和有效的组织结构，建立良好的企业文化等。

（6）产品服务是创业者为社会创造的价值，它既是创业成功的必要条件，也是创业者对社会的贡献。正是通过为社会提供更多更好的产品服务，人类社会的财富才能日益增多，人们的生活才能变得丰富多彩。

二、创业者的个性条件

一个人能否创业，或者说是否成功创业，与其个性有密切的关系。一般而言，创业者需要具备如下几个特征：很强的主动性、洞察力、独创性、自信心、勇气等。此外，还需要具有如下几种重要个性特征。

其一，广泛的交际兴趣。要善于利用各种资源，尤其是人际关系的资源。但凡成功的人士，都需要广结人缘，因为人才是最重要的生产要素，最重要的资源。创业者应该具有开阔的心胸，豁达的心态，宽容的心理，富有协作精神注重人际交往，多与师兄师姐、同学老师交往，多与成功人士结识，尤其是志同道合的朋友或同学。这些朋友往往是今后创业成功乃至于事业成功的最宝贵的人力资源。

其二，有敏锐的数字意识。创业者需要有敏锐的商业意识，而数字意识就是其中一种。要当企业家的创业者，要有敏感的数字概念，并迅速从数字中嗅出商机来。比如，日本创业者商学院校长大前研一先生曾经举过一个例子。在日本，有大约 7000 万个家庭。如果一个商品打入市场，在成本核算上需要 100 万名顾客。100 万这个数字看上去是一个巨大数字，但从 7000 万个家庭来看，则只是它的 1.5％左右。如果争取 70 人中有一个认可的话，作为事业就可以成立了。可是如果最初问了 10 个人，都说不行，就觉得这项业务没有希望而放弃，这显然就不是一个创业者。因此，创业者要有敏感的数字意识，并从中计算出可能的商机。日常生活告诉我们，那些人人都说好的主意，并不一定有什么机会，而这种看上去与众不同的主意，或许有可能出其不意地取得成功。

其三，要有必要的冒险精神。目前，我国学生创业有 80％左右的失败，其中一个重要原因就是，他们缺乏冒险精神。现代社会是一个充满风险和机遇的社会，创业活动更是机遇和风险并存的商业活动。没有冒险和敢闯敢干的精神，是不能成功创业的。邓小平曾说过："没有一点闯精神，没有一点冒的精神，没有一股气呀、劲呀，就走不出一条好路，走不出一条新路，就干不出新的事业。"那些安于平淡、止于平庸、谨小慎微、胆小怕事、不敢冒险的性格的人，当然可能没有风险，但也绝对不可能有大作为。正因为此，只有那些不畏风险、敢于冒险、敢于创新的学生才希望并敢于自主创业。其实，无论是否创业，学生都应该培养必要的冒险精神。

其四，要有强烈的好奇心理。善于观察和思考，尤其是对不合理的、习惯性的东西追问为什么，然后从中挖掘出商机，是一些创业者的成功秘诀。好奇心理就是要有追问心理、"逆反心理""替换心理"等。不只是解释为什么这样不行，而是要思考不行之后应该怎么办的问题，那些只会很好地解释为什么这样不行的人，往往不思考不行之后应如何做，这样的人充其量只是一个理论家。

其五，要有大无畏的担当气概。一个优秀的创业者，一定是一个敢想敢干的人，因此，学生创业要培养敢于负责、敢于担当、舍我其谁的胆量和气度。那种抱有"领导不答应，我也没办法""不着急，明天再说吧"心态的人，一定是言行拘谨、办事拖拉、畏缩不前、不敢负责的人，这种人肯定不能很好地创业。

三、创业政策支持

要做好在校学生和毕业生的创业工作，需要政府、企业和学校多方面共同努力。

（一）建立科学有效的创业导向机制

从政府层面来说，要尽快放宽政策，清理一切不利于创业的管理体制，对微型、个体和中小企业实行备案制；要改革体制，尽快清理和废除各种不合理的收费和罚款，废除财政和执法部门超收、奖励和罚款分成等制度；要对个体、微型中小企业实行低税制度，降低所得税税率，加快金融体制改革，对民间融资实行合理化的宽松管理，同时还要发展融资担保、中小银行、风险投资等，鼓励银行发放创业贷款；要强化创业服务，在孵化基地、经营场所等方面为创业者提供便利条件。

（二）加大对创业的激励机制

2017年教育部首次修订《普通高等学校学生管理规定》，对社会关注的学生创新创业以及如何鼓励学生将学业与创业更好结合，给予了制度保障：新生可以申请保留入学资格去创新创业，入学后也可以申请休学开展创业；参加创新创业等活动以及发表论文、获得专利授权等与专业学习、学业要求相关的经历、成果，可以折算为学分；对休学创业的学生，可以单独规定最长学习年限。

创新创业折算学分制度给了学校更多的办学自主权，激发学生的创造性，鼓励学生把学业和创业更好地结合起来，将理论知识与社会实践相结合。

教育部鼓励学生创业，关键在于鼓励学校建立创新创业档案，设置创新创业学分，加强学生的创新创业教育，注重的是对学生创新思维、创业精神和创新创业实践能力的培养。

我国2008年实行的《就业促进法》从产业政策、所有制政策、税收政策、金融政策等方面构建了支持自主创业、自谋职业的政策支持体系。法律规定国家鼓励发展劳动密集型产业、服务业，扶持中小企业，多渠道、多方式增加就业岗位。国家还鼓励、支持、引导非公有制经济发展，扩大就业，增加就业岗位。对失业人员创办中小企业、从事个体经营并符合国家规定条件的，可以得到国家给予的税收优惠、经营场地等方面的照顾，并免除对其行政事业性收费。鼓励金融机构改进金融服务，加大对中小企业的信贷支持，并对自主创业人员在一定期限内给予小额信贷等扶持。

（三）增加创业帮扶工作

近年来，国家出台了一系列优惠政策鼓励学生自主创业，各地有关组织也设立了各类学生创业基金，有的省市直接宣布学生创业两三年内免除任何税费。

2010年，为进一步扩大就业规模，推动以创业带动就业，财政部、国家税务总局发布的《关于支持和促进就业有关税收政策的通知》，规定自2011年1月1日起实施新的支持和促进就业的税收优惠政策。通知规定，持《高校毕业生自主创业证》的人员从事个体经营，在3年内按每户每年8000元为限额依次扣减其当年实际应缴纳的营业税、城市维护建设税、教育费附加和个人所得税。

2016年，教育部、国家工商总局联合发布了《大学生自主创业宣传手册》，对大学生自主创业的5种市场主体类型（个体工商户、个人独资企业、合伙企业、农民专业合作社和有限责任公司）进行了介绍，详尽说明创办5种市场主体需要准备的材料、办理流程和注意事项等；对国家制定的大学生创业可享受的12项优惠政策进行了汇编，包含税收优惠、创业担保贷款和贴息、享受培训补贴、免费创业服务、取消毕业生落户限制等。

【阅读资料】

国家制定大学生创业可享受的12项优惠政策

在2015年首届中国"互联网＋"大学生创新创业大赛总决赛举行时，李克强总理曾批示："大学生是实施创新驱动发展战略和推进大众创业、万众创新的生力军"有关扶持大学生创业的内容也两次被列为国务院常务会议议题。国家制定大学生创业可享受的12项优惠政策具体如下：

（一）税收优惠

持人社部门核发《就业创业证》（注明"毕业年度内自主创业税收政策"）的高校毕业生在毕业年度内（指毕业所在自然年，即1月1日至12月31日）创办个体工商户、个人独资企业的，3年内按每户每年8000元为限额依次扣减其当年实际应缴纳的营业税、城市维护建设税、教育费附加和个人所得税。

对高校毕业生创办的小型微利企业，按国家规定享受相关税收支持政策。

（二）创业担保贷款和贴息

对符合条件的大学生自主创业的，可在创业地按规定申请创业担保贷款，贷款额度为10万元。

鼓励金融机构参照贷款基础利率，结合风险分担情况，合理确定贷款利率水平，对个人发放的创业担保贷款，在贷款利率基础上上浮3个百分点以内的，由财政给予贴息。

（三）免收有关行政事业性收费

毕业2年以内的普通高校学生从事个体经营（除国家限制的行业外）的，自其在工商部门首次注册登记之日起3年内，免收管理类、登记类和证照类等有关行政事业性收费。

（四）享受培训补贴

对大学生创办的小微企业新招用毕业年度高校毕业生，签订1年以上劳动合同并交纳社会保险费的，给予1年社会保险补贴。

对大学生在毕业学年（即从毕业前一年7月1日起的12个月）内参加创业培训的，根据其获得创业培训合格证书或就业、创业情况，按规定给予培训补贴。

（五）免费创业服务

有创业意愿的大学生，可免费获得公共就业和人才服务机构提供的创业指导服务，包括政策咨询、信息服务、项目开发、风险评估、开业指导、融资服务、跟踪扶持等"一条龙"创业服务。

（六）取消高校毕业生落户限制

高校毕业生可在创业地办理落户手续（直辖市按有关规定执行）。

（七）创新人才培养

创业大学生可享受各地各高校实施的系列"卓越计划"、科教结合协同育人行动计划等，同时享受跨学科专业开设的交叉课程、创新创业教育实验班等，以及探索建立的跨院系、跨学科、跨专业交叉培养创新创业人才的新机制。

（八）开设创新创业课程

自主创业大学生可享受各高校挖掘和充实的各类专业课程和创新创业教育资源，以及面向全体学生开发开设的研究方法、学科前沿、创业基础、就业创业指导等方面的必修课和选修课；同时享受各地区、各高校推出的资源共享的慕课、视频公开课等在线开放课程，和在线开放课程学习认证和学分认定制度。

（九）强化创新创业实践

自主创业大学生可共享学校面向全体学生开放的大学科技园、创业园、创业孵化基地、教育部工程研究中心、各类实验室、教学仪器设备等科技创新资源和实验教学平台。参加全国大学生创新创业大赛、全国高职院校技能大赛和各类科技创新、创意设计、创业计划等专题竞赛，以及高校学生成立的创新创业协会、创业俱乐部等社团，提升创新创业实践能力。

（十）改革教学制度

自主创业大学生可享受各高校建立的自主创业大学生创新创业学分累计与转换制度；还可享受学生开展创新实验、发表论文、获得专利和自主创业等情况折算为学分制度，将学生参与课题研究、项目实验等活动认定为课堂学习的新探索。同时享受为有意愿有潜质的学生制定的创新创业能力培养计划，以及创新创业档案和成绩单等系列客观记录并量化评价学生开展创新创业活动情况的教学实践活动。优先支持参与创业的学生转入相关专业学习。

（十一）完善学籍管理规定

有自主创业意愿的大学生，可享受高校实施的弹性学制，放宽学生修业年限，允许调整学业进程、保留学籍休学创新创业。

（十二）完善大学生创业指导服务

自主创业大学生可享受各地各高校对自主创业学生实行的持续帮扶、全程指导、一站式服务，以及地方、高校两级信息服务平台，为学生实时提供国家政策、市场动向等信息和创业项目对接、知识产权交易等服务。可享受各地在充分发挥各类创业孵化基地作用的基础上，因地制宜建设的大学生创业孵化基地的相关培训、指导服务等扶持政策。

近年来，各地政府也出台了一系列鼓励大学生创业的优惠政策。

上海加强对高校毕业生自主创业的政策扶持力度，对成功创业的高校毕业生，在18个月的初创期内，符合条件的给予有关房租补贴、社会保险费补贴、贷款担保及贴息的扶持。对从事农业创业的高校毕业生，可根据吸纳就业情况，给予专项创业补贴。高校毕业生从事个体经营的，自工商登记之日起3年内可免交登记类、管理类和证照类的各项行政事业性收费。高校毕业生从事公益性社会服务的，也享受相关扶持政策。

2011年深圳规定，毕业两年内的大学毕业生申请设立注册资本10万元以下的有限责任公司，可"零首付"注册；投资人可以其拥有的非专利技术出资设立企业。

2016年杭州市规定，在校大学生、毕业5年以内高校毕业生、登记失业半年以上人员在市区创办企业或个体工商户，连续缴纳社保12个月以上，可享受一次性创业社保补贴，标准为5000元；在校大学生和毕业5年以内高校毕业生，在市区创业，可申请创业项目无偿资助，标准为2万～20万元；在校大学生可申请创业担保贷款，一般额度为30万元，其中科技成果转化、研发或文化创意类项目最高贷款额度为50万元；对在校大学生和毕业5年以内高校毕业生（市区户籍不设毕业年限）实行全额贴息；毕业年度高校毕业生到小微企业就业依法缴纳社保12个月且工资收入低于上年度市区全社会在岗职工平均工资的，可享受2000元就业补贴，期限不超过3年。

2016年山东省明确规定，大学生自主创业、创办符合条件的小微企业可分别享受最高额度10万元、300万元的创业担保贷款。大学毕业生创办的小微企业，对月销售额不超过3万元的暂免征收增值税和营业税；对年应纳税所得额不高于20万元的小微企业，其所得减按50%计入应纳税所得额，按20%的税率缴纳企业所得税；在电商平台开办网店符合条件的享受创业担保贷款和贴息。

第五章
创业者的素质与能力

第一节　创业者的基本素质

　　创业是极具挑战性的社会活动，是对创业者自身智慧、能力、气魄、胆识的全方位考验。一个人要想获得创业者的成功，必须具备基本的创业素质。创业基本素质包括良好的职业道德素质、强烈的创业意识、良好的心理品质和过硬的专业技术素质等。

一、良好的职业道德素质

　　随着市场经济的发展，知识经济的出现，对创业者的职业道德提出了更高的要求。大量事实证明，创业者的"软素质"即创业者的职业道德素质从某种程度上成为创业者的核心素质，其职业道德的高低将决定着创业的成败，也已经成为教育工作者和在校生、毕业生、创业者的共识。

　　福耀玻璃集团创始人、董事长曹德旺是不行贿的企业家，自称"没送过一盒月饼"，以人格做事；他是行善的佛教徒，从1983年第一次捐款至2020年，曹德旺累计个人捐款已达110亿元，认为财施不过是"小善"。李嘉诚从小丧父，生活困苦，同龄人条件比他好的很多，除了勤奋、坚持之外，要问他成功的秘诀是什么，是诚信与职业道德使然。李嘉诚说过，一个人一旦失信于人一次，别人下次再也不愿意和他交往或者发生贸易上的交往了。别人宁愿去找信用可靠的人，也不愿意再找他，因为他的不守信用可能会带来许多麻烦。前蒙牛总经理牛根生也说："德"是制服人心的最佳利器。想赢两三个回合，赢三年五年，有智商就行了，想要赢一辈子，没有"德商"绝对不行。

　　所以作为创业者，要讲信誉，守诺言，言行一致，身体力行，胸襟广阔，厚人薄己，敢于承担责任，勇于自我否定，尊重人才，以人为本。

二、强烈的创业意识

　　创业意识是创业基本素质的重要组成部分，也是创业基本素质结构的中心，是创业基本素质的动力系统，是创业活动的催化剂、推动器，每一个成功的创业者都具有这一素质。创业意识支配着创业者对创业活动的态度和行为，决定着态度和行为的方向和力度。

美团创始人兼 CEO 王兴于 2003 年放弃美国学业回国创立校内网，2006 年被千橡集团收购；2007 年创办饭否网；2010 年创办团购网站美团。可以说王兴的创业经历非常丰富，这些都源于个体强烈的创业意识和创业欲望。

创业意识可以引发强烈的创业欲望，事实证明一个成功的创业者一定是强烈的欲望者。创业者的欲望与普通人的欲望不同之处在于，他们的欲望往往超出他们的现实，需要突破他们现在的立足点，打破眼前的藩篱才能实现。因此，创业者的欲望往往伴随着行动力和牺牲精神，这不是普通人能够做到的。因为欲望，而创业、而行动、而成功，这是大多数白手起家的创业者走过的共同道路。

三、良好的心理品质

创业者需要具备的心理素质很多，要做到自信、自强、自主、自立。创业成功者之所以成功，往往是因为他与别人共处逆境时，别人失去了信心，他却下决心实现自己的目标。因此，自信是成功最重要的前提和条件，自信是成功的发动机，只有相信自己，才能知难而进、迎难而上、永不言败、坚持到底。只有相信自己才能让别人相信，从而得到大家的支持，形成一个团结协作的团队，成就一番大事业。一句话，自信是创业成功的原动力。"阿里巴巴"和"淘宝网"的创始人马云一开始创业就遇到挫折，在大家开始动摇的时候，马云坚信：只要做下去，一定有好的前景。他就凭着这样的坚定和自信，面对一次次创业的困难和失败，一次次成功地闯了过来，从而取得了创业的巨大成功。中央电视台《赢在中国》总制片人王利芬女士曾经感慨地说："在马云身上，有一点是一般人做不到的，那就是他没有一点虚荣心，他不怕没面子，能十分坦然地面对自己不太成功的过去，连自己的长相也在他自嘲之中，他台上台下都是一个人，真实地表达自己的不足，也真实地表达自己的才华，我很难想象什么人能将马云的自卑忽悠起来，也很难想象什么人能把马云的自信打下去让他自卑。"肯德基创始人桑德斯上校退休后为了推销自己的炸鸡配方被拒绝了 1009 次，还屡次被嘲笑。但是在他不断地坚持和努力下，最终成就了国际连锁品牌"KFC"，他的个人事迹也载入了商业史册。

四、过硬的专业技术素质

创业者是企业生产经营的管理者、组织者，因此需要具备或掌握一定专业技术基础知识和职业技能，乃至成为内行。

首先，要有完备的专业知识体系。学生创业，尤其是机会型创业，需要具有扎实的专业知识。专业知识既是学生就业的关键竞争力，也是学生创业的关键竞争力。比如现在一些学生创办网络公司，一些艺术院校学生毕业从事美术、设计、装饰等行业的创业，就是基于其坚实的专业知识基础，他们在财力、物力等方面并不具有竞争力，但是因为具有知识优势，所以他们具有较强的竞争力，创业就能取得成功。

其次，要具有合理的知识结构。学生创业所需要的知识，不仅仅在于其所学专业知识，对于构成综合素质的其他知识同样重要。比如哲学、计算机、英语等，这些基础知识构成学生的综合能力，只有同时具备扎实的专业知识和宽广的综合知识，才能正确分析创业形势，把握事物发展规律和趋势，提出独到见解和谋略，实现创业目标。

最后，要有商业知识、管理知识等其他知识。创业活动是一种商业活动，创业者不论是提供物质商品还是提供服务，都需要一定的商业知识。在企业管理中，管理知识和管理能力尤为重要，比如企业管理、人力资源管理、财务管理、行政管理等。其他如市场预测与调查知识、演讲与口才知识、法律法规知识等都是创业过程中必需的。

五、强烈的竞争意识

竞争是市场经济最重要的特征之一，是企业赖以生存和发展的基础，也是创业者立足社会不可缺乏的一种精神。人生即竞争，竞争本身就是提高，竞争的目的只有一个——取胜。随着我国社会主义市场经济从低级向高级发展，竞争愈来愈激烈。从小规模的分散竞争，发展到大集团集中竞争；从国内竞争发展到国际竞争；从单纯产品竞争，发展到综合实力的竞争。因此，创业者如果缺乏竞争意识，实际上就等于放弃了自己的生存权利。创业者只有敢于竞争，善于竞争，才能取得成功。创业者创业之初面临的是一个充满压力的市场，如果创业者缺乏竞争的心理准备，甚至害怕竞争，就只能是一事无成。

【阅读材料】

民营经济的代表——刘永好

1951年，刘永好出生于四川新津县，小的时候家里非常贫穷，以至于在他20岁之前，竟没穿过鞋子。1982年，正当绝大多数人还在抱着"铁饭碗"吃得有滋有味时，年过而立之年的刘永好毅然辞去了来之不易且令人羡慕的政府部门公职，同兄弟四人卖废铁、手表、自行车、黑白电视，凑足了 1000 元钱，下海自谋职业。当时，他选择的行当是别人不看好的农产品生产领域，他们从种植业、养殖业起步，创办"育新良种场"，开始了向土地要财富的道路。刘氏四兄弟做出这样的抉择是很有胆量的。刘氏四兄弟大学毕业后都分配在国家单位工作，有着令人羡慕的舒适工作环境和稳定收入。在接下来 7 年的时间里，他们筹办起一家小良种场，专门孵化小鸡和鹌鹑，公司几经风险，近乎绝望，兄弟四人曾经在"跳岷江""逃新疆""继续干"三条路中选择道路，最后咬牙选择了第三者。

1988 年，刘永好出差到广州，偶遇广东农民排着长队购买泰国正大颗粒饲料，令他惊奇不已。他观看了饲料，索要了说明书，与排队客户摆起"龙门阵"。回到成都后，他向几位兄长介绍生产猪饲料的前途。刘永好说："四川是全国养猪大省，养猪是四川农村经济的重要来源。泰国正大的猪饲料动摇了我国落后的喂养结构，应该把目光放到更广大的市场上，去搞饲料、搞高科技全价饲料。"

于是，刘氏兄弟经过认真研究，决定放弃养鹌鹑而转产饲料，并作了详细的战略部署。刘氏兄弟将资金全部投入到这个项目中，并聘请 30 余名动物营养学专家重点攻关。1989 年 4 月，公司自行研发的"希望牌"乳猪全价颗粒饲料问世，一下子打破了正大集团洋饲料垄断中国高档饲料市场的局面。1993 年希望集团成立，刘永言为董事会主席；刘永行为董事长，刘永美为总经理，刘永好为总裁、法定代表。希望集团的诞生给刘氏兄弟的事业发展带来了无限生机。

当时希望集团写的大字标语遍布广袤的城乡大地——"希望养猪富，希望来帮助。"刘氏兄弟喊出这样的口号不是没有道理的。那时候，刘氏兄弟踏进饲料行业，并已经专注经营了 4 年多，创业的辛苦已经尝遍了，经验当然也就丰富了。

"在最高潮，大家认为最好的时候，我们反而没有做。当然，没有挣钱也没有被套，我们抓住谷底攀升的时机，我们还要随着曲线上升。"——当别人开始纷纷感到房地产这碗饭越来越难吃的时候，刘永好却意识到机会的存在。经过两年的时间论证，刘永好与房地产业的第二次握手取得了实质性成果：1998 年，新希望成立了自己的房地产公司，在成都买下 418 亩地，进行规模房地产开发。但对于精熟于饲料业的刘永好来说，房地产开发毕竟是个全新的领域。刘永好坦言："房地产是我不熟悉的，作为一个战略投资者，我需要了解熟悉房地产市场，逐步弄懂它。所以现在，我把本来用于打高尔夫球的时间用来把握房地产市场，这是个挑战。"幸好学习对于刘永好来讲并非难事，据说，他最成功的地方正是"学习"。他把自己的时间一分为三，1/3 用来处理新希望集团内部关键性问题，1/3 用来跟一流人才打交道并建立各方关系，另外的 1/3 用来学习和研究企业发展问题。而这一方法是他出国访问时学习吸收国外企业家的经验得来的。

刘永好有个随身带笔和本子的习惯，凡找人谈话或接受采访，只要对方说得有道理，他便记下来。正是这种勤奋与孜孜不倦的追求，使得新希望的房地产开发再一次取得了成功，锦官新城一问世，首期开盘三天之内就销售了 1.4 亿元，创造了成都房地产的奇迹。

2000 年，美国《福布斯》评定刘永好、刘永行兄弟财产为 10 亿美元，列中国大陆 50 名富豪第 2 位。这位曾赤脚走路的创业者，终于用他的勤奋和努力踩出了一条成功之路。

【思考与讨论】

1. 谈谈刘永好创业成功的外部因素，其中哪些是他个人的素质和能力？

2. 结合刘永好成功的案例，谈谈你觉得创业者应该培养和锻炼的素质、能力有哪些？其中哪些是最重要的因素？

3. 有人说"刘永好的成功是创业时赶上了当时的良好环境，现在情况不同了，如果他现在开始创业，不一定能成功"，对此你的观点是什么？

第二节　创业者的基本能力和创业精神

创业能力是一种特殊的能力，这种特殊能力往往影响创业活动的效率和创业的成功。创业能力包括决策能力、经营管理能力、创新能力与交往协调能力。

一、创业能力

（一）决策能力

决策能力是创业者根据内外环境，因地制宜，正确地确定创业方向、目标、战略以及具体选择实施方案的能力。包括：经营决策能力、经营管理能力、业务决策能力、人事决策能力、战术与战略决策能力等。决策能力是一个人综合能力的表现，一个创业者首先要成为一个优良的决策者。

首先，创业则作为企业经营管理人员要以开放和包容的思想及态度获取尽可能广泛的决策方案，特别是不要局限于传统的解决办法之中。要善于"借外脑"来帮助判定决策方案。要对各种决策方案进行提炼，以把握各种方案的本质和核心，正确地评估每个方案的条件及效果，分析各个方案实施的可能性。

其次，创业者要具有准确的预测能力和决断能力，要具有能从众多的决策方案中选取满意方案的能力，以及危急时刻或紧要关头当机立断的决断能力。这种能力是经营管理人才进行科学决策的关键能力，误选、漏选会使企业造成重大损失或使企业与成功失之交臂。

最后，决策能力要克服从众心理。从众心理是指个体对社会的认识和态度常常受到群体对社会的认识和态度的左右。从众行为者的意识深处考虑的是自己的行为能否为大众所接受，追寻的是一种安全感。从众心理重的人容易接受暗示，他们依赖性强，无主见，人云亦云，容易迷信权威和名人，常说违心的话，办违心的事。决策能力强的人，能摆脱从众心理的束缚，做到思想解放、冲破世俗，不拘常规、大胆探索，因此他们能独具慧眼，发现一般人不能发现的问题，捕捉到更多的成才机遇。

（二）经营管理能力

广义的经营管理能力是指对企业内部和外部的所有活动的管理能力。狭义的经营管理能力是指对企业内部人员、资金的管理控制能力。它涉及人员的选择、使用、组合和优化；也涉及资金聚集、核算、分配、使用、流动。经营管理能力是一种较高层次的综合能力。它从以下几个方面直接影响创业实际活动。一是它涉及创业活动的每一个环节；二是它涉及创业活动中人的选择、使用、组合和优化；三是它涉及创业活动中资金的分配、使用、流动、培植等环节和过程。

（三）创新能力

创新能力的培养对于一个国家和民族振兴具有战略意义。创新能力已被联合国教科文组织称为"21世纪的一本护照"。创新能力需要四种能力支撑：第一，观察能力，是创新活动成败的决定因素。创新能力强的人很容易察觉到别人所不能察觉到的事务较深层次的情况，并能很好地找到解决问题的办法。第二，想象能力，是创新的先导。第三，分析能力，就创新活动的整个过程来看，包括察觉需要，找出关键问题，提出最佳方案及最后实现。第四，完成能力，在整个创新活动中具有决定性的地位。

（四）交往协调能力

交往协调能力是指能够妥善的处理与公众（政府部门、新闻媒体、客户等）之间的关系，以及能够协调下属各部门成员之间关系的能力。创业者应该做到妥当地处理与外界的关系，尤其要争取政府部门、工商以及税务部门的支持与理解，同时要善于团结一切可以团结的人，团结一切可以团结的力量，求同存异共同协调地发展，做到不失原则、灵活有度，善于巧妙地将原则性和灵活性结合起来。总之，创业者搞好内外团结，处理好人际关系，才能建立一个有利于自己创业的和谐环境，为成功创业打好基础。协调交往能力在书本上是学不到的，它实际上是一种社会实践能力，需要在实践活动中学习，不断积累总结经验。

二、创业精神的培养

（一）吃苦耐劳的精神

创业实属不易，创业过程是一个充满艰辛与困苦的过程，是一个充满挫折和失败的过程。创业者要经受创业艰难的煎熬，还要经受挫折与失败的考验，同时还要忍受肉体和精神上的折磨。因此，在创业过程中创业者要有一颗永远持之以恒的进取心，如果三心二意，知难而退，或者虎头蛇尾，见异思迁，终将一事无成。

（二）坚持不懈的精神

创业的道路上既有成功，也有失败，无论是面对成功还是失败，创业者都要充分发挥坚持不懈的精神，以坚忍不拔的品性和顽强的毅力去承受失败的打击。更为重要的是在重大打击之后，绝不丧失前进的信心和勇气，并能在认真总结经验教训的基础上再一次奋勇而起。要知道，每个人都不是十全十美的，每一件事都不是一蹴而就的，特别是在公司的初创阶段，创业者对每件事都没有亲身经历过，做错事是在所难免的，不要因为自己做错了事，就否认自己的能力，也不要因为别人嘲笑而放弃自己的想法，而是要在自己失败的经历中仔细分析，总结经验教训，找到成功的方法。

创业精神是对自我进行审视，不断地拓展自己的空间，是不断的磨炼和折腾，是最后不计较个人得失去追求梦想，追求社会价值和社会责任。

第三节　创业过程

面对严峻的就业形势，越来越多的职业院校毕业生选择了创业。可以说是一种"敢为天下先"的选择，是更高层次的就业。首先要了解创业类型，做好创业准备，熟悉创业过程，善于把握机遇，才能成就自我、创业成功。

一、创业类型

了解创业类型是为了在创业决策中做比较，选择最适合自己条件的创业模式。

（一）机会型创业与就业型创业

依创业目的分为机会型创业与就业型创业：

机会型创业指创业的出发点并非谋生，而是为了抓住、利用市场机遇。它以市场机会为目标，以创造新的需要或满足潜在的需求为目标，因而会带动新产业发展。

就业型创业，指为了谋生而自觉地或被迫地创业，大多属于尾随和模仿，因而往往加剧市场竞争。

世界各国的创业活动以机会型创业为主，但中国的机会型创业数量较少。因此，通过强化教育和培训提高创业能力，对增加机会型创业，减少低水平竞争具有重要作用。

（二）创建新企业和企业内创业

依创业起点分为创建新企业与企业内创业：

创建新企业，指创业者个人或团队从无到有地创建出全新的企业组织。这个过程充满挑战和刺激，但风险和难度也很大，创业者往往缺乏足够的资源、经验和支持。

企业内创业，指现有公司由于产品、营销以及组织管理体系等方面的原因，在企业内进行重新创建的过程。企业流程再造本质上就是一种创业行为，正是通过二次创业、三次创业乃至连续不断地创业，企业的生命周期才能不断地在循环中延伸。

（三）独立创业和合伙创业

依创业者数量分为独立创业与合伙创业：

独立创业，指创业者独立创办自己的企业。其特点在于产权归创业者个人独有，企业由创业者自由掌控，决策迅速。但创业者要独自承担风险，创业资源准备比较困难，并且受个人才能的限制。

合伙创业是指与他人共同创办企业。其优劣势正好与独立创业相反。

（四）传统技能型创业、高新技术型创业和知识服务型创业

依创业项目性质分为传统技能型、高新技术型和知识服务型创业：

传统技能型创业，指使用传统技术、工艺的创业项目。在酿酒、饮料、中药、工艺美术品、服装与食品加工、修理等与人们日常生活紧密相关的行业中，独特的传统技能项目表现出了经久不衰的竞争力，国内外均是如此。

高新技术型创业，指知识密集度高，带有前沿性、研究开发性质的新技术、

新产品项目。

知识服务型创业，指为人们提供知识、信息的创业项目。当今社会，各类知识性咨询服务机构不断细化和增加。这类项目投资少、见效快。如北京某剪报公司，把每天主要媒体上与该企业有关的信息全部收集、复印、装订起来，年收入也可达 100 万元，且市场十分稳定。

（五）依附型、尾随型、独创型和对抗型创业

依创业方向或风险分为依附型、尾随型、独创型和对抗型创业：

依附型创业，可分为两种情况：一是依附于大企业或产业链，为大企业提供配套服务。二是特许经营权的使用。如利用麦当劳、肯德基的品牌效应和成熟的经营管理模式创业。

尾随型创业，即模仿他人创业，"学着别人做"。其特点，一是短期内只求维持下去；二是在市场上拾遗补阙。

独创型创业，指提供的产品或服务能够填补市场空白。大到商品独创性，小到商品的某种技术的独创性。如环保性洗衣粉、改革开放后首家搬家服务公司、婚介公司等。

对抗型创业，指进入其他企业已形成垄断地位的某个市场，与之对抗较量。这类创业风险最高，必须在知己知彼、科学决策的前提下进行。例如，针对 20 世纪 90 年代初外商在中国市场大量倾销合成饲料的局面，希望集团建立了西南最大的饲料研究所，定位于与外国饲料争市场，一举取得成功。

（六）基于产品、营销模式和组织管理体系创新而创业

依创新内容分为基于产品、营销模式和组织管理体系创新而创业：

基于产品创新而创业，指基于技术创新或工艺创新的成果，产生了新的消费者群体，从而导致创业行为的发生。

基于市场营销模式的创新而创业，指采取了一种有别于其他厂商的市场营销模式，因而有可能给消费者带来更高的满足感。例如，美国联邦快递公司所提供的邮包服务。

基于企业组织管理体系创新而创业，指采取了一种有别于其他厂商的企业组织管理体系，因而能够更高效地实现产品的商业化和产业化。如 20 世纪 80 年代国内乡镇企业的大量创立与成功，正是来源于组织管理体系的创新。

二、创业准备

创业准备是创业者进入创业实践前所经历的物质力量和精神力量的聚集过程。

它为日后创业实践奠定物质和思想基础，也是创业前的"模拟"演练。创业准备充分与否，对创业事业的成败起着决定性的作用。

（一）创业观念

创业观念是指人们在创业方面的思想意识，也就是指人们对创业的意义、目的和行为的看法，包括三个方面，即创业观念、赚钱观念、服务观念。

（1）创业观念。创业观念就是要求创业者对创业有一种新的认识，要有一种新的观念，要适应就业从计划分配到市场经济的双向选择、自主择业的观念转变。

（2）赚钱观念。不要将赚钱作为创业的唯一目标。创业的根本就是谋求对社会的意义，实现自我，追求成功，但我们不反对创业为个人谋求利益，只不过不能把赚钱当作唯一的目标。创业的终极目标是成为优秀的企业家，具有企业家精神。对企业家来说，他们的目的是比较宽大而崇高的，他们想的是为社会创造价值，以及解决社会上存在的问题。

（3）服务观念。创业也要树立一种服务观念，服务社会、服务人民，要以你的产品，造福于民，取信于民，让人民满意，社会满意，从创业中实现自己的社会价值。一个创业者担当越大，责任也越大，相应解决的社会问题也越大，这也可以反映出这个创业者所创企业的规模。

（二）创业知识

创业知识主要包括专业知识、经济管理知识、金融知识、商业知识、税收知识和法律知识。

（1）专业知识是指与创业目标直接联系和发挥作用的知识体系，在形式上表现为某种性质和类别的学科知识，是对某一领域内事物发展规律的概括和总结。

（2）经济管理知识。在市场经济条件下，公司成败的关键在于经营。在日益复杂激烈的市场竞争中，创业者必须运用有效的经营管理知识来武装自己，指导经营活动，而不能仅凭经验和直觉。企业管理最重要的是充分发挥每个人的积极性，因为人是企业的主体，企业的一切工作都需要人来完成，创业者必须明白只有科学合理地使用人，想方设法地吸引人才，企业才具备竞争力，才会为企业创造更多的财富。

（3）金融知识。金融即资金的融通，它涉及到如何获得发展所需资金等各个方面的问题。一个创业者，无论有多么强的经营能力，如果没有资金，那什么也干不成。另外，无论是在创业初期，还是在创业过程中，因为资金影响着企业的发展和生存，所以筹集发展所需资金至关重要。

（4）商业知识。商业知识是经营企业的基本知识，是企业在市场经济条件下能否经营好企业的关键，创业者必须具备足够的商业知识。商业知识包括商品交换与商业关系（社会分工、商业交换、社会分工与商品交换的关系）、商业需求（商品需求的性质、形式和表现形式）和商品流通（流通手段、流通过程和流通领域）。

（5）税收知识。税收是国家凭借政治权力参与社会分配、取得物质财富的一种手段。税收具有强制性，即国家依靠国家权力，按照法律规定强制征收。纳税是政府调节经济的重要杠杆。依法纳税是纳税人的义务，我国的税收主要有以下几种：增值税、消费税、营业税、企业所得税、印花税、关税、车船使用税和城市维护建设税等。

（6）法律知识。创业者要在我国市场经济体制下经营，就必须遵照法制经济的要求，所以要对《公司法》《劳动法》《合同法》《反不正当竞争法》《产品质量法》《商标法》《消费者权益保护法》等法律条文有所了解，并聘请律师作为自己的法律顾问。

（三）创业心理

宋代大文豪苏轼说过："古之成大事者，不唯有超世之才，亦必有坚韧不拔之志。"这就是说，光有创业的基础条件还不够，还要具有处变不惊的良好心理素质和愈挫愈强的顽强意志，如此才能在创业的道路上自强不息、竞争进取、顽强拼搏，才能从小到大，从无到有，闯出属于自己的一番事业来。

三、创业过程的模型与分析

创业过程是创业者在创建自己的企业时通常要经历的基本步骤。在创业过程中所涉及的知识与技能，与一般的管理职能并不完全相同。创业者必须能够发现、评估新的市场机会，并进一步将其发展为一个新创企业，在这一过程中确实有着许多对现存企业进行管理时所未予重视或不那么重要的知识与技能。

（一）创业过程的蒂蒙斯模型

美国著名的创业学家蒂蒙斯教授（Timmons，1999）提出了一个被广泛应用的创业过程模型（如图5.1所示）。该模型有以下几个方面的含义：

（1）商业机会是创业过程的核心驱动力，创始人或工作团队是创业过程的主导者，资源是创业成功的必要保证。

创业过程始于商业机会。商业机会的最重要特征在于有强劲的市场需求，因而创意并不等于商业机会。

创始人或工作团队的作用就是利用其自身的创造力在模糊、不确定的环境中发现商机，并利用企业网络和社会资本等外界因素组织和整合资源，领导企业利用商业机会创造价值。

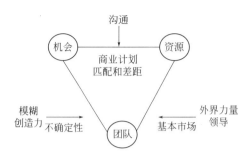

图 5.1　蒂蒙斯创业过程模型

（2）创业过程是商业机会、创业者和资源三要素匹配和平衡的结果。创始人或工作团队的核心工作是对商机的理性分析和把握，对风险的认识和规避，对资源的合理利用和配置，对工作团队适应性的分析和认识。

（3）在创业过程中，资源与商机间经历着一个"适应—差距—适应"的动态过程。商业计划为创业者、商机和资源要素的质量和相互间的匹配、平衡提供语言和规则。

总之，创始人或工作团队的任务是在千变万化的环境中依靠机遇、团队和资源三要素之间的和谐与平衡，分析解决存在的种种困难及问题，努力协调创业中各种资源的配置，创造性地解决问题。

（二）创业过程的一般分析

创业过程一般可以划分为创业动机的产生、创业机会的发现与识别，资源的整合、企业的创建、新创企业的成长和创业的收获六个阶段。

（1）创业动机的产生。一个人是否能成为创业者，受三方面因素的影响：一是个人特质，如温州人有强烈的创业动力，其中环境起到了很大作用；二是创业机会的多少，创业机会的增多会形成巨大的利益驱动，促使更多人创业；三是创业的机会成本。

（2）创业机会的发现与识别。国家产业政策的调整、新技术的出现、人口和家庭结构的变化、人们物质和精神需要的变化、流行时尚等都可能形成商业机会。作为创业者，应该具有敏感的嗅觉，能够及时地、准确地识别创业机会。

（3）资源的整合。整合资源是创业过程最为关键的阶段之一。创业者需要整合的资源包括：基本信息资源、人力资源和财务资源等。

（4）企业的创建。创业计划、创业融资和注册登记对于创建企业尤为关键。创意能否变成行动，关键看其能否形成一个周密的创业计划；资金往往成为新创企业的"瓶颈"，创业融资至关重要；注册登记包括确定企业的组织形式，设计企业名称系统，申请登记注册，领取营业执照等内容。

（5）新创企业的成长。新创企业要在市场上取得成功，就需要在企业营销策略、组织调整、财务稳健管理等方面更上一层楼，这是企业成长管理的重要内容。

（6）创业的收获。调查发现，多数创业者的创业动机首先是自己当老板，然后才是追求利润和财富，对这些人来说，当老板的感受就是回报。

四、把握机遇

（一）机遇的概念

机遇就是契机、时机或机会，通常被理解为有利的条件和环境。机遇能促进一个人的成功。机遇具有四大特征，一是过了这村就没了这个店，稍纵即逝；二是对于别人来说是机遇，对你来说，很可能不是；三是当大家都知道这是一个机遇的时候，这个机遇不再是机遇，而经常是负担；四是意识到自己抓住机遇后，就应当把机遇发挥到最大值。

创业机遇即创业机会或商业机会或市场机会，是指有吸引力的、较为持久和适时的一种商务活动的空间，并最终体现在能够为顾客创造价值或增加价值的产品或服务中。好的创业机会，必然具有特定的市场定位，专注于满足顾客需求，同时能为顾客带来增值的效果。创业者不仅要善于发现机会，更需要正确把握并果敢行动，将机会变成现实的结果。

（二）如何把握机遇

1.着眼于问题把握创业机会

创业机会并不意味着无需代价就能获得，许多成功的企业都是从解决问题起步的。所谓问题，就是现实与理想的差距。比如，顾客需求在没有满足之前，设法满足这一需求，就抓住了市场机会。美国"牛仔大王"李维斯的故事为人津津乐道。19世纪50年代，李维斯像许多年轻人一样，带着发财梦前往美国西部淘金，途中一条大河拦住了去路，李维斯设法租船，做起了摆渡生意，结果赚了不少钱。在矿场，李维斯发现由于采矿出汗多，饮用水紧张，于是，别人采矿他卖水，又赚了不少钱。李维斯还发现，由于跪地采矿，许多淘金者裤子的膝盖部分容易磨破，而矿区有许多被人丢掉的帆布帐篷，他就把这些旧帐篷收集起来洗干净，做成裤子销售，"牛仔裤"就这样诞生了。李维斯将问题当作机会，最终实现了他的财富梦想。

2.利用变化把握创业机会

变化中常常蕴藏着无限商机，许多创业机会产生于不断变化的市场环境。环境变化将带来产业结构的调整、消费结构的升级、思想观念的转变、政府政策的变化、居民收入水平的提高等等；人们透过这些变化，就会发现新的机会。在国营事业民营化的过程中，创业者可以在交通、电信、能源等产业中发掘创业机会，私人轿车拥有量的不断增加，将产生汽车销售、修理、配件、清洁、装潢、二手车交易和陪驾等诸多创业机会。任何变化都能激发新的创业机会，需要创业者凭着自己敏锐的嗅觉去发现和创造。许多很好的商业机会并不是突然出现的，而是对"先知先觉者"的一种回报。聪明的创业者往往选择在最佳时机进入市场，当市场需求爆发时，他已经做好准备等着接单。

3. 跟踪技术创新把握创业机会

世界产业发展的历史告诉我们，几乎每一个新兴产业的形成和发展，都是技术创新的结果。产业的变更或产品的替代，既满足了顾客需求，同时也带来了前所未有的创业机会。比如，电脑诞生后，软件开发、电脑维修、图文制作、信息服务和网上开店等创业机会随之而来。任何产品的市场都有其生命周期，产品会不断趋于饱和达到成熟直至走向衰退，最终被新产品所替代，创业者如果能够跟踪产业发展和产品替代的步伐，通过技术创新则能够不断寻求新的发展机会。

4. 在市场夹缝中把握创业机会

创业机会存在于为顾客创造价值的产品或服务中，而顾客的需求是有差异的，创业者要善于找出顾客的特殊需要，盯住顾客的个性需要并认真研究其需求特征，这样就可能发现和把握商机。时下，创业者热衷于开发所谓的高科技领域等热门课题，但创业机会并不只属于"高科技领域"，在金融、保健、饮食、流通这些所谓的"低科技领域"也有机会。随着打火机的普及，火柴慢慢退出了人们的视线，而创业者沈子凯却在这个逐渐被人淡忘的老物件里找到了新商机，他创造的"纯真年代"艺术火柴红遍大江南北。还有为数不少的创业者追求向行业内的最佳企业看齐，试图通过模仿快速取得成功，结果使得产品和服务没有差异，众多企业为争夺现有的客户和资源展开激烈竞争，企业面临困境。所以，创业者要克服从众心理和传统习惯思维的束缚，寻找市场空白点或市场缝隙，从行业或市场在矛盾发展中形成的空白地带把握创业机会。

5. 捕捉政策变化把握创业机会

中国市场受政策影响很大，新政策出台往往引发巨大新商机，如果创业者善于研究和利用政策，就能抓住商机站在潮头。2006年国家出台了新的汽车产业政策，鼓励个人、集体和外资投资建设停车场。停车场日益增多的同时，对停车场建设中的智能门禁考勤系统、停车场系统、通道管理系统等的需求也随之增多，专门供应停车场所需的软硬件设备就成为一个重要商机。事实上，从政策中寻找商机并不仅仅表现在政策条文所规定的表面，随着社会分工的不断细化和专业化，政策变化所提供的商机还可以延伸，创业者可以从产业链在上下游的延伸中寻找商机。

6. 弥补对手缺陷把握创业机会

很多创业机会是缘于竞争对手的失误而"意外"获得的，如果能及时抓住竞争对手策略中的漏洞并大做文章，或者能比竞争对手更快、更可靠、更便宜地提供产品或服务，也许就找到了机会。为此，创业者应追踪、分析和评价竞争对手的产品和服务，找出现有产品存在的缺陷，有针对性地提出改进方法，形成创意，并开发具有潜力的新产品或新功能，就能够出其不意，成功创业。

思考题

1.通过对自己的分析，你认为你已具备了创业的哪些职业素质和基本能力？缺失的基本素质和能力通过什么方式可以弥补？

2.创业者应注意哪些问题和做好哪些方面的准备？

第六章
创业流程及技巧

自主创业需要知识和理性，需要懂得并明确创业方向。找准创业目标，做出创业决策，制定创业计划，及时发现商机、把握商机、运用商机，并最终创造价值和获得利润。

第一节 行业及项目选择

一、行业分析

对于刚刚走出学校门的毕业生，要加入到创业行列，首先面对的是对于行业的选择。俗话说："女怕嫁错郎，男怕选错行"。所以，选择一个投资少、利润空间大、风险小、前景好的行业是创业者创业成功的第一步。学生创业有优势，也有局限性。学生思维敏捷、充满活力、喜欢接受新鲜事物，学校的学习使得学生具备了一定的专业知识，但由于没有进入社会，商业意识、社会经验、企业管理、财务管理等方面比较欠缺，因此，学生可以根据自己的特长、兴趣爱好，选择适合自己的发展道路。

（一）科技服务

科技服务业是在当今产业不断细化分工和产业不断融合生长的趋势下形成的新的产业分类。科技服务业是以技术和知识向社会提供服务的产业，其服务手段是技术和知识，服务对象是社会各行业。

学生结合自己的专业可以做出一些科技成果，但这些科技成果往往难以转化为生产力，更无法将其用于创业，但社会上的一些大的企业，特别是一些大中型企业会有许多科技难题，学生可以通过老师、学校加强与企业联系，将企业难题作为科技课题，为企业提供服务。如果某项科技服务成果，能成为某个大企业的长期配套产品或服务，这将为创业者奠定一个稳定发展的基础。李开复先生在接受网易科技专访时表示，互联网行业有利于创业，但他建议刚毕业的学生创业应该走低科技的服务业。

创新创业教育领域的专家赵温才先生，喜欢发明，大学 4 年先后获得 9 项发明专利。作为一名疯狂的科技爱好者，他看到许多学生因为不了解知识，或因为没有必要的条件，使得许多富有创意的设想无法变成具体的模型，更无法申请专利；还有许多学生因为找不到合适的平台，无法让自己的专利转化为生产力，于是赵温才和几个同学进行了周密的市场调研和相关的培训后，注册成立了知识产权咨询服务有限公司，服务于有志创业的各界人士。

（二）智力服务

智力是学生创业的资本。学生创业应发挥自己的知识优势，选择一些需要知识和专业的智力服务，而这个行业投资成本较低，更有利于创业成功。

小悦是名应届毕业生，原来学的是俄语。她毕业后一直未找到工作的那一年夏天，家乡小镇上一家公司里来了几位俄罗斯客户。巧的是，这几位俄罗斯客户都不会讲英语，也没带翻译，是自己拿着厂家的名片直接找上门来的。由于当地多数学生学的都是英语，所以，要找一个俄语翻译很不容易。刚好小悦有一个亲戚在那家公司任办公文员，就把小悦推荐给了公司老总。老总自然是喜出望外，马上派车把失业在家的小悦接了过来，答应付她每天贰仟元的报酬。小悦利用自己会俄语的技能，为俄罗斯客人做了三天翻译，并微笑热情地为他们服务，三天后她赚了六千元钱。

有了第一次之后，小悦的就业前景光明了。由于来余姚采购的俄罗斯客人越来越多，小悦也就越来越忙了。因为小悦不但俄语讲得好，还练出了一套始终笑脸相迎的服务技能，所以，很多公司、工厂和宾馆，都喜欢找小悦去做翻译。

小悦从这些翻译工作中看到了光明的前途，于是在她积累了 20 万元资金后，就注册了一个专业的俄语翻译中心，专门帮客户翻译俄语资料，提供俄语翻译陪同服务。随着业务的迅速增长，小悦一个人忙不过来了，她干脆以高工资把自己的同学都给叫来了。现在，她的公司里已经有五个专职的俄语翻译了。

为了提高服务质量，小悦组织员工们参加了一期迎宾礼仪培训班，提升商务接待的专业能力，以便更好地服务客户。

小悦现在每年大约能够赚 50 万元左右。她认为自己的成功，得归功于她所学的俄语。可我说，还得归功于她的创业和服务意识。

（三）电子商务

网上创业，是未来发展的趋势，是一块无法估量的大蛋糕，它就是电子商务，代表着一个国家信息化程度的高低，美国 ebay 巨额投资易趣就是很好的证明，只要你广开思路，网上创业定会成功。在这方面学生不应该仅仅停留在网上开店、买卖传统商品上，而应该结合自己的特点提供一些智力服务，或提供一些有创意的电子商务服务。

（四）连锁加盟

连锁加盟是一种成功的商业模式，发达国家的连锁加盟在商业经营中占有很高的比例，在我国连锁加盟的比例逐年提高。连锁加盟可以为加盟者提供成功的模式和经验。对学生来说，通过连锁加盟形式创业，可以弥补自身的不足，快速掌握经营所需的经验和知识，降低风险，提高创业成功率。通过连锁加盟创业，关键是找到一个连锁加盟体系相对完善的，适合自己的项目。

数据显示，在相同的经营领域，通过连锁加盟的形式，创业的成功率高于20％。对于创业资源比较有限的大学生来说，最好选择运营时间5年以上，拥有10家以上加盟店的成熟品牌。

（五）创意小店

学生年轻有朝气、思维活跃、喜欢接受新鲜、变化、时尚的东西，小店的经营相对简单，对社会经验、管理、营销、财务要求不高。因此，学生可以发挥自己的想象力，开一些有创意的小店。

学生开店，还可以围绕学校等人群密集的地方选址，这些地方客源充足，物美价廉的东西比较容易吸引顾客。

二、防范行业风险

防范行业风险很重要，如果创业者误入一个不适合自己创业的行业，陷入其中，付出的不仅仅是金钱，还有意志。在行业选择时要注意下面几点。

（一）考察行业产品或服务的市场饱和度

在选择进入某一行业之前，调查了解该行业产品或服务在市场的占有率是否已经饱和。如果真的已经达到饱和，后来者要想介入，肯定会有相当大的难度。比如，在目前国内的大城市中，彩电、冰箱的市场已经做得相当成熟，要想从这些经销商中夺得利润和市场份额，绝非轻易之事。若后来者在其他方面没有特别的优势，应该停止进入这一领域。

（二）与行业竞争者比较竞争优势

把自己计划经销的产品或服务项目与其他行业竞争者进行比较，从质量、性能、功用、造型等各个方面进行全方位的对比与分析。如果你的竞争力和对方处于相同或者弱势的状态，就要考虑消费者是否会弃旧用新，怎样才能让消费顾客选择你的产品或服务，那就要在服务类型、服务项目等多方面做改进，使之更符合消费者的需求。

（三）抓住顾客心理

创业者无论从哪个行业，都离不开产品和服务。顾客购物的心理是十分复杂的，他们固然喜欢质量可靠的名牌产品，愿意接受充满温情的经销形式和优质服务。质量是硬性的、显性的，而服务则是软性的、隐性的。如果你提供给消费顾客的产品在质量、性能等方面和其他供应商没有多大优势的情况下，就要在服务等软性方面做文章，使其符合消费者的心理。

（四）以获得经济效益为导向

对企业来说：企业经济效益是企业一切经济活动的根本出发点。对于个人来说：提高经济效益，才能充分利用有限的资源创造更多的社会财富，满足人们日益增长的物质和文化生活的需要。创业者进入一个行业时，首先要考虑是不是有相当满意的经济效益，以及行业前景，千万不要让超前意识所蒙蔽，尽力不要选择过分生僻、过分前卫的产品，而要考虑产品无论新老，一定要有切实的消费者和利润跟随。比如引导消费者方面，你可以有超前的眼光，但行动不能太超前，否则你就会从先驱变成先烈。所以，创业者要着眼于行业市场与网络的培养，一旦发现某一类产品或者服务有旺销的势头，马上行动，凭自己的实力抢先一步。

三、项目选择的原则

选择创业项目是创业的关键。数据显示，80％的创业者在创业前期都感到创业项目"十分头疼""很难抉择"。在创业失败的案例中，大约有60％的人觉得创业项目选择失误是关键因素。而在成功创业的人群中，大约70％的人，将成功的原因归于良好的创业项目。

第一，以社会需求为导向。选择国家产业政策支持的新型产业。社会是创业的大舞台，要想在社会大舞台上获得创业的一席之地，就必须急社会发展之所急，供社会发展之所求，使创业目标与社会需求保持一致。只有这样社会才能支持你的创业行为，认同你的创业成果。

第二，与自己特长相一致。不同的行业因其性质、特点不同，对于创业者的能力、素质、知识水平的要求也不同，而任何人不是都在各个领域是全能的。因此，创业者在选择自己的创业项目时，必须要正确地认识自己的能力倾向和优势所在，力求与自己创业领域的具体要求相匹配。

第三，与自己的兴趣一致。兴趣是干好一件事情的动力。根据自己的兴趣确立创业项目，更容易使自己的创业走向成功。当然，人的兴趣是不断变化的，这就要求创业者在作出抉择时要认真考虑，仔细分析，尽力从自己兴趣相近的领域中进行选择，并逐渐培养自己浓厚的职业兴趣。否则，完全拘泥于自己现有的兴趣，反而会错失创业机会。

第四，要有特色。"特色"就是项目生命之根，是项目能顺利运行，保持活力的基础，是先于别人发现，强于别人之处，也就是说人无我有，人有我优。所以，选择项目具有特色很重要。

第二节　创业计划书制定

一、编制创业计划书的意义和作用

创业计划书，是创业者自己在创业前需要准备的一份书面计划，是创业者创业的蓝图，也是筹措创业资金的重要依据。其意义和作用主要体现在以下两方面。

1. 帮助创业者理清思路，准确定位

著名投资家克雷纳说："如果你想踏踏实实地做一份工作的话，写一份创业计划，它能迫使你进行系统地思考。有些创意可能听起来很棒，但是当你把所有细节和数据写下来的时候，它自己就崩溃了。"可能许多创业者在刚开始投入一项事业中去的时候，凭借的仅仅是一腔的热情，然而当真正着手去做一些事情的时候，才会发现需要考虑的地方何止是一处两处，也许有些创业者只是在自己的脑海里形成一副蓝图，但是如果未雨绸缪，就需要制定一份创业计划书，这样就会更不容易偏离自己原先预定的方向。所以创业计划书会起到旗帜、目标、规划的作用。

另外，创业计划书还是创业资金准备和风险分析的必要手段。对初创的风险企业来说，创业计划书的作用尤为重要，一个酝酿中的项目，往往很模糊，通过制定创业计划书，把正反理由都书写下来，然后再逐步推敲，创业者就能对这一项目有更加清晰的认识。可以这样说，创业计划书首先是把计划中要创立的企业推销给创业者自己。

2. 帮助创业者获得创业融资

一位投资家曾经说过："企业邀人投资或加盟，就像向离过婚的女士求婚一样，而不是像和女孩子初恋。双方各有打算，仅靠空口许诺是无济于事的"。对于

正在寻求资金的创业者来说，创业计划书的好坏往往决定了融资的成败。

除了使创业者更加了解自己要做的事情外，创业计划书更多的还是让别人看的，尤其是给那些能给创业者提供一定资金帮助的人看的。所以，创业计划书的另外一个重要作用就是帮助创业者把计划中的企业推销给风险投资家。因此，创业计划书还要说明创办企业的目的，创办企业所需的资金，为什么投资人值得为此注入资金等一些问题。

此外，对于已建立的创业企业来说，创业计划书还可以为企业的发展定下比较具体的方向和重点，从而使员工了解企业的经营目标，并激励他们为共同的目标而努力。更重要的是，它可以使企业的出资者以及供应商、销售商等了解企业的经营状况和经营目标，说服出资者（原有的或新来的）为企业进一步发展提供资金。

总之，一项完善的创业计划，不仅是创业者创业的蓝图，也是其创业的行动大纲，也是其筹措创业资金和寻找创业合作者的必要手段。

二、创业计划书的基本格式

创业计划书通常包括封面、保密要求、目录、摘要、正文（综述）、附录几部分。

（一）封面（标题页）

标题页可以放一张企业的项目或产品彩图，但需留出足够的版面排列以下内容：创业计划书编号、公司名称、项目名称、项目单位、地址、电话、传真、电子邮件、联系人、公司主页及日期等。

（二）保密要求

保密要求可放在标题页，也可放在次页，主要是要求投资方项目经理妥善保管创业计划书，未经融资企业同意，不得向第三方公开创业计划书涉及的商业秘密。

（三）目录

目录标明各部分内容及页码，要注意确认目录页码同内容的一致性。

（四）摘要

摘要是对整个创业计划书的概括，目的在于用最简练的语言将计划书的核心、要点及特色展现出来，吸引阅读者仔细读完全部文本，因而一定要简练，一般要求在两页纸内完成。摘要十分重要，它是出资者首先要看的内容，因而必须能让读者有兴趣并渴望得到更多的信息，给读者留下长久的印象。计划摘要应从正文中摘录出投资者最关心的问题：包括对公司内部的基本情况，公司的能力以及局限性，公司的竞争对手，营销和财务战略，公司的管理队伍等情况的简明而生动地概括。如果公司是一本书，它就像是这本书的封面，做得好就可以把投资者吸引住。

（五）正文

正文是创业计划书的主体部分，要分别从公司基本情况、经营管理团队、产品/服务、技术研究与开发、行业及市场预测、营销策略、产品制造、经营管理、融资计划、财务预测及风险控制等方面对投资者关心的问题进行介绍，要求既有丰富的数据资料，使人信服，又要突出重点，实事求是。

（六）附录

附录是对正文中涉及的相关数据、资料的补充，作为备查。

案例

张×的创业计划

张×毕业于某名牌大学，经过多年的业余研究，他在室内环境污染治理方面取得了一项重要的技术突破，这项技术如果在实际中得到应用，前景非常广阔。于是张×辞去原来的工作，准备自己创业。但由于多年的积蓄都用在了室内环境污染治理的研究上，在七拼八凑注册了一家公司后，他已经无力再招聘员工、购买实验材料了。无奈之下，张×想到了风险投资基金，希望通过引入合作伙伴的方式解决困境。为此，他多次与一些风险投资机构或个人投资者接洽商谈，虽然张×反复强调他的技术多么先进，应用前景多好，并拍着胸脯保证投资他的公司回报绝对低不了，但总是难以令对方相信，而且他对于投资人问到的多数数据也没有办法提供，如市场需求量具体有多少？一年可以有多大的销售量？投资后年回报率有多高？就连招聘一些技术骨干也比较困难，这些人也总是对公司的前景缺乏信心。

这时，曾经在张×注册公司时帮助过他的一位做管理咨询的朋友一句话点醒了他，"你的那些技术有几个投资者搞得懂？你连一份像样的创业计划书都没有，怎么让别人相信你？投资者凭什么相信你？"。于是，在向相关专家请教咨询后，张×又查阅了大量的资料，然后静下心来，从公司的经营宗旨、战略目标出发，对公司的技术、产品、市场销售、资金需求、财务指标、投资收益及投资者的退出等方面进行了分析和论证，当然这个过程中，他还得不时做一些市场方面的调查。一个月后，他就拿出了一份创业计划书初稿，经过几位相关专家的指点，又再次进行了修改和完善。凭着这份创业计划书，张×不久就与一家风险投资公司达成了投资协议，有了风险投资的支持，员工招聘问题也迎刃而解。

现在，张×的公司经营得红红火火，年销售利润已达到 500 万元。回想往事，张×感慨地说："创业计划书的编制与我搞的环境污染治理材料要求差不多，绝不是随便写一篇文章的事。编制计划书的过程就是我不断理清自己思路的过程。只有创业者自己思路清楚了，才有可能让投资人、员工相信你。"

【思考与讨论】

1. 为什么张×开始时拍着胸脯的保证无法令投资者相信，甚至连招聘技术骨干都很困难？

2. 创业计划书对张华的创业成功起到了什么作用？

三、创业计划书的内容与要点

（一）摘要

摘要是为了吸引战略合伙人与风险投资人的注意而将创业计划书的核心提炼出来制作而成的，它是整个创业计划书的精华，涵盖计划书的要点。一般要在后面所有内容编制完毕后，再把主要结论性内容摘录于此，以求一目了然，在短时间内给使用者留下深刻的印象。

在摘要中，企业必须回答下列问题：

（1）企业所处的行业，企业经营的性质和范围。

（2）企业主要产品的内容。

（3）企业的市场在哪里，谁是企业的顾客，他们有哪些需求。

（4）企业的合伙人、投资人是谁。

（5）企业的竞争对手是谁，竞争对手对企业的发展有何影响。

（6）如何投资、投资数量和方式。

（7）投资回报及安全保障。

摘要如同推销产品的广告，编制人要反复推敲，力求精益求精，形式完美，语句清晰流畅而富有感染力，以引起投资人阅读创业计划书全文的兴趣，特别要详细说明自身企业的不同之处以及企业获取成功的市场因素。

（二）企业介绍

企业介绍是向战略合伙人或者风险投资人介绍融资企业或项目的基本情况。具体而言，如果企业处于种子期或创建期，现在也只有一个美妙的商业创意，那么，应重点介绍创业者的成长经历，求学过程，并突出其性格、兴趣爱好与特长，创业者的追求，独立创业的原因以及创意如何产生。

如果企业处于成长期，应简明扼要介绍公司过去的发展历史、现在的状况以及未来的规划。具体而言，包括公司概述、公司名称、地址及联系方法；公司的业务状况；公司的发展经历；对公司未来发展的详尽规划；本公司与众不同的竞争优势；公司的法律地位；公司的公共关系；公司的知识产权；公司的财务管理；公司的纳税情况；公司的涉诉情况等。在描述公司发展历史时，正反的经验都要写，特别是对以往的失误，不要回避。要对失误进行客观的描述，中肯地进行分析，这能够赢得投资者的信任。

（三）管理团队介绍

管理团队是投资者非常看重的，主要是向投资者展现企业管理团队的结构、管理水平和能力，职业道德与素质，使投资者了解管理团队的能力，增强投资信心。

介绍管理团队、技术团队及营销团队的工作简历、取得的业绩，尤其是与目前从事工作有关的经历。另外，可以着重介绍企业目前的管理模式，如果无特色，也可以不介绍，或者归入劣势部分。

在编写过程中，首先，必须对公司管理的主要情况作一个全面介绍，包括公司的主要股东及他们的股权结构、董事和其他一些高级职员、关键的雇员以及公司管理人员的职权分配和薪金情况，必要时，还要详细介绍他们的经历和个人背景。企业的管理人员应该是互补型的，而且要具有团队精神。一个企业必须要具备负责产品设计与开发、市场营销、生产作业管理及企业理财等方面的专门人才。

此外，在创业计划书中，还应对公司组织结构做一简要介绍，包括公司的组织机构图；各部门的功能与责任；各部门的负责人及主要成员；公司的报酬体系等。应让投资者认识到，创业者具有与众不同的凝聚力和团结战斗精神，管理团队人才济济且结构合理，在产品设计与开发、财务管理及市场营销等各方面均具有独当一面的能力，足以保证公司以后成长发展的需要。

（四）技术产品（服务）介绍

在进行投资项目评估时，投资人最关心的问题之一就是企业的产品、技术或服务能否以及在多大程度上解决现实生活中的问题，或者，企业的产品（服务）能否帮助顾客节约开支，增加收入，这是市场销售业绩的基础。

技术产品（服务）介绍一般应包括以下内容：产品的名称、特性及性能用途；产品处于生命周期的哪一阶段，市场竞争力如何；产品的研究和开发过程；产品的技术改进、更新换代或新产品研发计划及相应的成本；产品的市场前景预测；产品的品牌和专利。

要对产品（服务）做出详细的说明，说明要准确，也要通俗易懂，让不是专业人员的投资者也能明白。一般地，产品介绍都要附上产品原型、照片或其他介绍。具体说，产品介绍必须要回答以下问题：

（1）顾客希望企业的产品能解决什么问题，顾客能从企业的产品中获得什么好处？

（2）企业的产品与竞争对手的产品相比有哪些优缺点，顾客为什么会选择本企业的产品？

（3）企业为自己的产品采取了何种保护措施，企业拥有哪些专利、许可证，或与已申请专利的厂家达成了哪些协议？

（4）为什么企业的产品定价可以使企业产生足够的利润，为什么用户会大批量地购买企业的产品？

（5）企业采用何种方式去改进产品的质量、性能，企业对发展新产品有哪些计划等。

此外，对于一些以技术研发为重点的高新技术企业来说，还要对相关技术及其企业研发情况进行分析，包括企业技术来源、技术原理、技术先进性及技术可靠性；公司的技术研发力量和未来的技术发展趋势，公司研究开发新产品的成本预算及时间进度，技术的专利申请、权属及保护情况、技术发展后劲和技术储备等。以使投资者对公司的技术研发队伍的实力，公司未来竞争发展对技术研发的需要有所了解。

产品（服务）介绍的内容比较具体，因而写起来相对容易。虽然夸赞自己的产品是推销所必需的，但应该注意，双方所建立的是一种长期合作的伙伴关系。空口许诺，只能得意于一时。如果企业不能兑现承诺，不能偿还债务，企业的信誉必然要受到极大的损害，这是真正的企业家所不屑为的。

（五）行业、市场分析预测

行业与市场分析主要是对企业所在行业基本情况，企业的产品或服务的现有市场情况、未来市场前景进行分析，使投资者对产品或服务的市场销售状况有所了解。这是投资者关注的重点问题之一。

行业分析主要介绍行业发展趋势，行业发展中存在的问题，国家有关政策，市场容量，市场竞争情况，行业主要盈利模式，市场策略等。

市场分析包括已有的市场用户情况、新产品或者服务的市场前景预测等几个部分。

已有的市场用户情况，要分析公司在以往经营中拥有了什么样的和多少用户？市场占有率如何？市场竞争情况如何？是否已经建立了完整的市场营销渠道，等等。

市场前景预测，首先要对需求进行预测，包括市场是否存在对这种产品的需求？需求程度是否可以给企业带来所期望的利益？新的市场规模有多大？需求发展的未来趋向及其状态如何？影响需求的都有哪些因素？新产品的潜在目标顾客和目标市场是什么等。

市场前景预测还要包括对市场竞争的情况——企业所面对的竞争格局进行分析：市场中主要的竞争者有哪些？是否存在有利于本企业产品的市场空当？本企业预计的市场占有率是多少？本企业进入市场会引起竞争者怎样的反应？这些反应对企业会有什么影响等？

为此，企业首先应尽量扩大收集信息的范围，重视对环境的预测和采用科学的预测手段和方法。让投资者相信，你的预测是建立在科学的基础之上的。其次，要注意自己所假设的一些前提条件（特别是宏观经济发展、消费者偏好及消费能力等），并且要根据前提条件可能发生的变化对市场前景预测做出必要的调整。千万不能单凭想象，做出不切实际的、美好的前景估计。

（六）市场营销策略

企业的盈利和发展最终都要拿到市场上来检验，营销成败直接决定了企业的生存命运。

营销策略的内容应包括：营销机构和营销队伍的建立；营销渠道的选择和营销网络的构建；广告策略和促销策略；价格策略；市场渗透与开拓计划；市场营销中意外情况的应急对策等。

一般来说，中小企业可选择的市场营销策略有以下几种：

（1）集中性营销策略，即企业只为单一的、特别的细分市场提供一种类型的产品（如制造汽车配件）。这种方法尤其适用于那些财力有限的小公司，或者是在为某种特殊类型的顾客提供服务方面确有一技之长的组织。

（2）差异性营销策略，即为不同的市场设计和提供不同类型的产品。这种战略大多为那些实力雄厚的大公司所采用。

（3）无差异性营销策略，即只向市场提供单一品种的产品，希望它能引起整体市场上全部顾客的兴趣。当人们的需求比较简单，或者产品并不被人们认为很重要时，该策略较为适用。

（七）生产制造计划

生产制造计划旨在使投资者了解产品的生产经营状况。这一部分应尽可能把新产品的生产制造及经营过程展示给投资者。主要的内容包括：

（1）公司现有的生产技术能力，企业生产制造所需的厂房、设备情况。

（2）质量控制和改进能力。

（3）新产品的生产经营计划，改进或将要购置的生产设备及其成本。

（4）现有的生产工艺流程，生产周期标准的制定及生产作业计划的编制。

（5）物资需求计划及其保证措施，供货者的前置期和资源的需求量。

（6）劳动力和雇员的有关情况。

同时，为了增大企业的评估价值，企业家应尽量使生产制造计划更加详细、可靠。

（八）财务分析与预测

这部分包括公司过去若干年的财务状况分析，今后三年的发展预测，以及详细的投资计划。旨在使投资者据此判断企业未来经营的财务状况，进而判断其投资能否获得理想的回报，因而它是决定投资决策的关键因素之一。

（1）过去三年的财务状况，包括过去三年的现金流量表、资产负债表以及损益表和每年度的财务总结报告书。如果公司刚刚成立，应该讲述创业者对财务管理重要性的认识。

（2）今后三年的发展预测。主要是明确说明财务预测的依据、前提假设和预测方法，然后给出公司未来三年预计的资产负债表、损益表以及现金流量表。

财务预测的依据、前提假设是投资者判断企业财务预测准确性和财务管理水平的标尺，也是投资者关注的焦点。其主要依据和前提假设是企业的经营计划、市场计划的各项分析和预测，就是说，要在这部分明确回答下述问题：

① 产品在每一个期间的销售量是多少？

② 什么时候开始产品线扩张？

③ 每件产品的生产费用是多少？

④ 每件产品的定价是多少？

⑤ 使用什么分销渠道？所预期的成本和利润是多少？

⑥ 需要雇佣哪几种类型的人员？雇佣何时开始？工资预算是多少？

介于财务分析预测在公司经营管理中的重要地位，企业需要花费较多的精力来做具体分析，必要时最好与专家顾问进行商讨。

对于中小企业来说，财务预测既要为投资者描绘出美好的合作前景，同时又要使得这种前景建立于坚实的基础之上，否则反而会令投资者怀疑企业管理者的诚信或财务分析、预测及管理能力。

（九）融资计划

融资计划主要是根据企业的经营计划提出企业资金需求数量、融资的方式与工具，投资者的权益、财务收益及其资金安全保证，投资退出方式等，它是资金供求双方共同合作前景的计划分析。

融资计划的主要内容包括：

（1）融资数额是多少？已经获得了哪些投资？希望向战略合伙人或风险投资人融资多少？计划采取哪种融资工具，是以贷款、出售债券，还是以出售普通股、优先股的形式筹集？

（2）公司未来的资本结构如何安排？公司的全部债务情况如何？

（3）公司融资所提供的抵押、担保文件，包括以什么物品进行抵押或者质押，什么人或者机构提供担保？

（4）投资收益和未来再投资的安排如何？

（5）如果以股权形式投资，双方对公司股权、控制权及所有权比例如何安排？

（6）投资者介入公司后，公司的经营管理体制如何设定？

（7）投资资金如何运作？投资的预期回报？投资者如何监督、控制企业运作等？

（8）对于吸引风险投资的，风险投资的退出途径和方式是什么，是企业回购、股份转让还是企业上市？

这部分是融资协议的主要内容，企业既要对融资需求、用途提出令人信服的理由，又要有令人心动的投资回报和投资条件，同时也要注意维护企业自身的利益。其基础是企业的财务分析与预测。

由于与资金供给方合作的模式可能有多种，因此还需设计几种备选方案，给出不同盈利模式下的资金需要量及资金投向。

（十）风险分析

这部分内容主要是向投资者分析企业可能面临的各种风险隐患，风险的大小以及融资者将采取何种措施来降低或防范风险、增加收益等。主要包括：

（1）企业自身各方面的限制，如资源限制、管理经验的限制和生产条件的限制等。

（2）创业者自身的不足，包括技术上的、经验上的或者管理能力上的欠缺等。

（3）市场的不确定性。

（4）技术产品开发的不确定性。

（5）财务收益的不确定性。

（6）针对企业存在的每一种风险，企业进行风险控制与防范的对策或措施。

对于企业可能面临的各种风险，融资者最好采取客观、实事求是的态度，不能因为其产生的可能性小而忽略不计，也不能为了增大获得投资的机会而故意缩小、隐瞒风险因素，而应该对企业所面临的各种风险都认真地加以分析，并针对每一种可能发生的风险做出相应的防范措施，这样才能取得投资者的信任，也有利于引入投资后双方的合作。

（十一）附件和备查资料

附件主要是对创业计划书中涉及的一些问题细节和相关的证书、图表进行描述或证明，如企业的营业执照、公司章程、验资审计报告、税务登记证、高新技术企业（项目）证书、专利证书、鉴定报告、市场调查数据、主要供货商及经销商名单、主要客户名单、场地租用证明、公司及其产品的介绍、宣传等资料、工艺流程图、各种财务报表及财务预估表及专业术语说明等。它与创业计划书主体部分一起装订成册。

备查资料只需列出清单，供资金供给方有投资意向时查询。

四、创业计划书的完善

（一）计划书的完善

创业计划书有很多形式，如 Power Point 格式和 Word 文件格式，基于两者的不同特点，一般同时提供两种版本，一种是完整版本（Word 格式），一种是摘要式版本（PPT 格式）。

在创业计划书编制完成之后，融资企业还应对计划书进行检查完善，以确保计划书能准确回答投资者的疑问，增强投资者对本企业的信心。通常，可以从以下几个方面对计划书加以检查：

（1）创业计划书是否显示出创业者具有管理公司的经验。如果创业者缺乏能力去管理公司，那么一定要明确地说明，公司已经雇了一位经营大师来管理公司。

（2）创业计划书是否显示了企业有能力偿还借款。要保证给预期的投资者提供一份完整的财务比率分析。

（3）创业计划书是否显示出企业已进行过完整的市场分析。要让投资者坚信计划书中阐明的产品需求量是确实的。

（4）创业计划书是否容易被投资者所领会。创业计划书应该备有索引和目录，以便投资者可容易地查阅各个章节。此外，还应保证目录中的信息是有逻辑的和现实的。

（5）创业计划书中是否有计划摘要并放在了最前面，计划摘要是否写的引人入胜。

（6）创业计划书是否在文法上全部正确。如果不能保证，那么最好请人帮你检查一下。计划书的拼写错误和排印错误很可能就使企业丧失机会。

（7）创业计划书能否打消投资者对产品、服务的疑虑。如果需要，企业可以准备一件产品模型。

（二）编制创业计划书的注意事项

融资用的计划书"七分策划，三分包装"，是技术和艺术的统一体。

1. 尽量精练，突出重点

编制创业计划书的目的是为了让投资者了解商业计划，其内容必须紧紧围绕这一主题，开门见山，使投资者在最少时间内了解最多的关于商业计划的内容。如要第一时间让读者知道公司的业务类型，避免在最后一页才提及经营性质；要明确阐明公司的目标及为达到目标所制定的策略与战术；陈述公司需要多少资金以及时间和用途，并给出一个清晰和符合逻辑的让投资者撤资的策略。一般摘要以2页，主体内容以7～10页为佳。注重企业内部经营计划和预算的编制，而一些具体的财务数据则可留待下一步会见时面谈。

2. 换位思考

编制创业计划书的一个重要方法就是换位思考，即融资者要设身处地，假设自己是一位战略合伙人或风险投资人，自己所最关心的问题是什么，自己判断的标准是什么。就是说，要按照阅读创业计划书的读者的思路去写创业计划书，这样就会弄清哪些是重点，应该具体描述，哪些可以简单描述，哪些是不必要的东西，从而获取投资者青睐。

就此来说，编制创业计划书应忌讳用过于技术化的用词来形容产品或生产运营过程，而尽可能用通俗易懂的条款，使读者容易理解。

3. 以充分的调查、数据、信息为基础

市场销售是投资获利的基础，对此，融资人要充分考察市场的现实情况，广泛收集有关市场现有的产品、现有竞争、潜在市场及潜在消费者等具体信息，使市场预测建立在扎实的调查、数据之上，否则后面的生产、财务及投资回报预测就都成了空中楼阁。为此，创业计划书中忌用含糊不清或无确实根据的陈述或结算表。

同时，在收集资料时，一定要做到客观公正，避免只搜集对自己有利的信息，而不去搜集或者故意忽略那些对自己不利的信息。一般来说，战略投资者或风险投资家都是一些非常专业的人士，提出的问题会非常尖锐，如果只收集对自己有利的信息，在遇到质疑时就会显得考虑和准备得不充分。

4. 实事求是，适度包装

创业计划书的作用固然重要，但它仍然只是一个敲门砖。过度包装是无益的，

企业应该在盈利模式打造、现场管理、企业市场开拓及技术研发等方面下硬功夫，否则，即使有了机会，也把握不住。

5.不过分拘泥于格式

创业计划书固然有很多约定俗成的格式，但很多资金供给方在实际运作中常常直接关注几个关键点，关注他们想看到的东西。因此，企业在组织编制创业计划书的过程中，不要过分拘泥于固定的格式，只需把企业的优势、劣势都告诉别人，就可能是最后的赢家。

第三节　创业计划的实施

要进行创业计划的实施，首先要了解企业组织形式，明确创立企业设立的一般流程，才能找准方向，迈向成功。

一、企业组织形式的选择

"我想创业，我注册一家什么样的公司合适？"或者"我想创业，我采取一种什么样的组织形式合适？"这个问题是创业者创业时首先遇到的一个问题。

创业过程，就是一个建立组织和促使组织逐渐成长、发育的过程，是创业者在创建自己的企业时通常要经历的基本步骤。创业第一步，除了资金上、资源上及心理上的准备等之外，极为重要的一件事就是针对自身情况，选择一个合适的创业组织形式。一般来说，我国民营企业的法律组织形式有多种，适合微小型企业的有：个体工商户、个人独资企业、合伙企业、有限责任公司四种类型。不同法律形态的企业承担不同的法律责任，也受成立条件的限制。此外，在我国实践中还存在中外合资经营企业及中外合作经营企业等形式。

（一）个体工商户

个体工商户是指生产资料归劳动者个人所有，以自己个人的劳动为基础，劳动成果由劳动者个人占有和支配的市场经营主体。

1.个体工商户的设立条件

个体工商户的设立条件较为简单，包括：有经营能力的城镇待业人员、农村村民以及国家政策允许的其他人员。申请人必须具备与经营项目相应的资金、经营场地、经营能力及业务技术。

2.个体工商户的优劣势

个体工商户的优势主要有：对注册资金实行申报制，没有最低限额要求。注册手续简单，费用低。税收负担轻。个体工商户的劣势包括：信誉较低，很难获得银行大额贷款。经营规模小，发展速度慢。管理不规范，有的个体工商户甚至都不区分经营所得和工资所得。

（二）个人独资企业

个人独资企业是最为简单的企业组织形式，是指依照《个人独资企业法》在中国境内设立的，由一个自然人投资，财产为投资人个人所有，投资人以其个人财产对企业债务承担无限责任的经营实体。个人独资企业是非法人型企业，个人独资的财产属投资人个人所有，在企业财产无法清偿债务时，由投资人以个人独资企业以外的财产承担。个人独资企业尤其适于初涉市场、资金实力有限的创业者。

1. 个人独资企业的设立条件

根据《个人独资企业法》规定，设立个人独资企业应当同时具备下列条件：投资人为一个自然人；有合法的企业名称；有投资人申报的出资；有固定的生产经营场所和必要的生产经营条件；有必要的从业人员。

此外，个人独资企业的名称应当与其责任形式及从事的营业相符合：根据《个人独资企业登记管理办法》，个人独资企业的名称中不得使用"有限""有限责任"或者"公司"字样。个人独资企业不得从事法律、行政法规禁止经营的业务；从事法律、行政法规规定须报经有关部门审批的业务，应当在申请设立登记时提交有关部门的批准文件。

2. 个人独资企业的优劣势

个人独资企业的优势：①产权、利润独享。企业的产权是创业者个人独有，企业利润归创业者独有，不会与其他个人或团体产生产权上的纠纷，也无需担心别人分享。②决策自主。企业所有事务由投资人说了算，创业者可以按照自己的思路来经营和发展自己的企业，一方面最大限度地发挥个人的智慧与才能，另一方面也避免了其他持股者对企业经营的干扰。③注册手续简单，费用低，注册资金随意。个人独资企业的注册手续最简单，获取相关的注册文件比较容易，对注册资金没有规定。④税收负担较轻。只征收企业所得税而免征个人所得税。

个人独资企业的劣势：①个人理性有限，决策风险高，可持续性低。企业主要是由创业者来经营，而个人的智慧与才能终究是有限的，再加上"人的理性是有限的"，企业的设立、运营和发展过程必然会受到个人智慧、才能及理性的限制。②无限责任，风险独立承担。这是最大的劣势。一旦经营亏损，除了企业本身的财产要清偿债务外，个人财产也不能幸免，这加大了投资风险。③对外界资源吸引力较低，信贷信誉低，融资困难。由于注册资金少，企业抗风险能力差，加之企业由一个人完全控制，外部投资者往往面临较高的经营风险和道德风险，因而通常很难取得银行信贷，同时面向个人的融资也不容易取得。④难以形成优秀的管理团队。任何具有较强创新与创业精神的员工都不会心甘情愿地长期服务于这类企业，一旦有其他更好的就业或创业机会，他们就会即刻离去。因此，管理团队是在变动中存续的，而形成优秀的管理团队需要相对稳定的团队人员不断磨合。

3. 个人独资企业与个体工商户的区别

虽然个人独资企业与个体工商户非常相似，但两者还是有本质差异。

（1）出资人不同。个人独资企业的出资人只能是一个自然人；个体工商户既可以由一个自然人出资设立，也可以由家庭共同出资设立。

（2）雇佣人数不同。雇员8人及以下为个体工商户，8人以上为个人独资企业。

（3）承担责任的财产范围不同。个人独资企业的出资人在一般情况下仅以其个人财产对企业债务承担无限责任，除非设立登记时明确以家庭共有财产作为个人出资的，才依法以家庭共有财产对企业债务承担无限责任；而个体工商户的债务如属个人经营的，以个人财产承担，属家庭经营的，则以家庭财产承担。

（4）适用的法律不同。个人独资企业依照《个人独资企业法》设立，个体工商户依照《民法通则》《城乡个体工商户管理暂行条例》等规定设立。

（5）法律地位不同。个人独资企业是经营实体，是一种企业组织形态；个体工商户则不采用企业形式。区分二者的关键在于是否进行了独资企业登记，并领取了独资企业营业执照。

4. 个人独资企业的投资人与事务管理

除法律、行政法规禁止从事营利性活动的人（如国家公务员），不得作为投资人申请设立个人独资企业外，其他人都可以作为个人独资企业的投资人。个人独资企业投资人对本企业的财产依法享有所有权，其有关权利可以依法进行转让或继承。

个人独资企业投资人在申请企业设立登记时，明确以其家庭共有财产作为个人出资的，应当依法以家庭共有财产对企业债务承担无限责任。

个人独资企业投资人可以自行管理企业事务，也可以委托或者聘用其他具有民事行为能力的人负责企业的事务管理。委托或聘用他人管理的，应签订书面合同，明确委托的具体内容和授予的权利范围。

5. 个人独资企业的解散与清算

个人独资企业有下列情形之一时，应当解散：

（1）投资人决定解散。

（2）投资人死亡或者被宣告死亡，无继承人或者继承人决定放弃继承。

（3）被依法吊销营业执照。

（4）法律、行政法规规定的其他情形。个人独资企业解散后，原投资人对企业存续期间的债务仍应承担偿还责任，但债权人在 5 年内未向债务人提出偿债请求的，该责任消灭。

个人独资企业解散的，财产应当按照下列顺序清偿：

（1）所欠职工工资和社会保险费用。

（2）所欠税款。

（3）其他债务。个人独资企业财产不足以清偿债务的，投资人应当以其个人的其他财产予以清偿。

（三）合伙企业

合伙企业，是指按照《合伙企业法》在中国境内设立的，由各合伙人订立合伙协议，共同出资、合伙经营、共享收益、共担风险，并对合伙企业债务承担无限连带责任的营利性组织。合伙企业也是非法人型企业，不具备法人资格。在现代企业中，合伙企业所占比例很高，中外实践证明，合伙企业是一种灵活、简便又不失一定规范和规模的企业组织形式。

1. 合伙企业的设立条件

合伙人应当为两个或两个以上的具有完全民事行为能力的人，法律、行政法规禁止从事营利性活动的人，不得成为合伙企业的合伙人，如国家公务员；合伙企业必须有书面合伙协议，合伙协议应当载明的事项可参看《合伙企业法》相关规定；有各合伙人实际缴付的出资，合伙协议生效后，合伙人应当按照合伙协议约定，履行出资义务。根据《合伙企业法》的规定，合伙人可以用货币、实物、土地使用权、知识产权或者其他财产权利出资；有合伙企业的名称、经营场所和从事合伙经营的其他必要条件。

2. 合伙企业的优缺点

合伙企业的优点：

（1）资本规模扩大。相对于个人独资企业而言，其资本规模得到显著扩大，资本来源渠道也多样化，融资难度降低。

（2）个人出资比例小。创业及其企业相关生产经营费用由合伙人共同投资解决，不需要单个人再去筹集，因而减弱了个人"单枪匹马"融资难的问题，个人出资比例相对降低，从而吸引了更多的人去实现创业梦想。

（3）容易形成团队优势。不同的创业者为了一个共同的目标组合在一起，他们的智慧、才能、理性及资源等得到了互补，可形成一定的团队优势。

（4）风险共担。全体合伙人共同承担创业中的风险，共同克服可能遇到的种种困难，使企业抵御风险的能力大大增强。

（5）集中决策。合伙企业的任何重大决策都是由合伙人共同作出的，决策高度集中在全体合伙人手里，这使得决策的准确性、权威性大大提高。

（6）注册手续简便，费用低。注册方式与独资企业类似，关键在于合伙人之间的共同协议，合伙企业运行的法律依据就是他们之间的协议。

（7）税收较低。和独资企业一样，合伙企业只需要缴纳企业所得税，不用缴纳个人所得税。

合伙企业的缺点：

（1）无限责任。一旦合伙人中的某一人经营失误，所有合伙人都将被连累。我国法律规定，合伙人之间的分担比例对债权人没有约束力，债权人可以根据自己的清偿权益，请求合伙人中的一人或几个人承担全部清偿责任。

（2）产权关系比较复杂。由于我国相关法律体系还不健全，且产权关系比较复杂，因而在合伙创业中，往往会遇到产权关系难以处理的问题，特别是涉及到无形资产时。

（3）内部协调费用增大、易内耗。合伙企业各合伙人平均享有权利，合伙人一旦有了矛盾，企业决策就难以达成一致意见。如果合伙人品质有问题，则更是后患无穷。

（4）决策过程的复杂化。合伙企业的决策要符合全体合伙人的个人利益，因而，决策过程非常复杂，有时很难协商一致。

（5）容易引起利益纠纷。在企业设立、运营和发展的过程中，合伙人之间不可避免地会产生一些利益纠纷，如果协调不好，就可能导致企业存续和运营的危机。

（6）合伙人财产转让困难。法律要求向外转让必须经全体合伙人同意，而不是采取少数人服从多数人的原则。退伙也存在同样的问题，除非在拟定合伙协议时有明确规定。

3. 合伙企业的财产

（1）合伙企业存续期间，合伙人的出资和所有以合伙企业名义取得的收益均为合伙企业的财产。合伙企业的财产由全体合伙人依照法律共同管理和使用。

（2）合伙企业存续期间，合伙人向合伙人以外的人转让其在合伙企业中的全部或者部分财产份额时，须经其他合伙人一致同意。

合伙人之间转让时，应当通知其他合伙人。合伙人转让其财产份额时，在同等条件下，其他合伙人有优先受让的权利。

4. 合伙企业事务的执行

（1）合伙事务执行的方式。合伙企业事务的执行可以采取由全体合伙人共同执行合伙企业事务，或由合伙协议约定或者全体合伙人决定，委托一名或者数名合伙人执行合伙企业事务两种方式。

（2）合伙人在执行合伙事务中的权利。包括：各合伙人对执行合伙企业事务享有同等的权利；执行合伙企业事务的合伙人，对外代表合伙企业；不参加执行事务的合伙人有权监督执行事务的合伙人，检查其执行合伙企业事务的情况；合伙人为了解合伙企业的经营状况和财务状况，有权查阅账簿。

合伙人可以对其他合伙人执行的事务提出异议，如果发生争议，可由全体合伙人共同决定。

（3）合伙人的义务。由一名或者数名合伙人执行合伙企业事务的，应当依照约定向其他不参加执行事务的合伙人报告事务执行情况以及合伙企业的经营状况和财务状况。

合伙人不得自营或者同他人合作经营与本合伙企业相竞争的业务，不得同本合伙企业进行交易。

（4）合伙事务执行的决议办法。合伙人依法或者按照合伙协议对合伙企业有关事项作出决议时，除另有约定外，经全体合伙人决定可以实行一人一票的表决办法。

（5）合伙企业的损益分配。合伙损益由合伙人依照合伙协议约定的比例分配和分担；未约定的，由各合伙人平均分配和分担。

5. 入伙与退伙

入伙是指在合伙企业存续期间，原合伙人以外的第三人加入合伙企业，取得合伙人的资格。

退伙是指合伙人退出合伙企业，丧失合伙人资格。根据我国《合伙企业法》的规定，主要有两种情况：一是自愿退伙；二是法定退伙。

入伙与退伙的具体事项规定请参看《合伙企业法》。

6. 合伙企业的解散与清算

合伙企业解散是指合伙人解除合伙协议，终止合伙企业的行为。

合伙企业解散后，应当进行清算，程序如下：

（1）通知和公告债权人。

（2）确定清算人。合伙企业解散，清算人由全体合伙人担任。

（3）财产清偿顺序。合伙企业财产在支付清算费用后，按下列顺序清偿：

合伙企业所欠招用职工的工资和劳动保险费用→合伙企业所欠税款→合伙企业的债务→返还合伙人的出资。

按上述顺序清偿后仍有剩余的，由合伙人依照合伙协议约定的比例进行分配；全部财产不足清偿其债务的，由其合伙人以个人财产，按照合伙协议约定的比例进行清偿。

合伙企业解散后，原合伙人对合伙企业存续期间的债务仍应承担连带责任，但若债权人在5年内未向债务人提出偿债请求的，该责任消灭。

需要注意的是，我国法律意义上的合伙企业仅限于由工商行政管理部门登记的、以自然人为合伙人的企业，不包括法人之间的合伙。另外，目前采用合伙制的律师事务所、会计师事务所及医生诊所等也都不属于合伙企业，它们归各自的行政主管机关登记管理。

（四）公司企业——有限责任公司

当前，我国正在不断推进现代企业制度建设，而现代企业制度的核心就是公司制，它是所有企业组织形式中最成熟、最规范、最先进的。

1. 公司的特点与分类

按照新公司法的规定，公司是指由股东出资设立的，股东以其全部认缴的出资额或者所认缴的股份为限对公司承担责任，公司以其名下的全部财产对公司的债务承担独立责任的企业法人。

公司的主要特点是：

（1）公司是企业法人。公司与其他商事组织，如个人独资企业、合伙企业的主要区别在于，公司具有法人属性。公司的法人属性使公司财产与公司成员的个人财产完全分开，从而使公司能够以自己的名义独立地从事民事活动、享受民事权利和承担民事义务。

（2）公司以营利为目的。对利益的追求是公司的目的所在，也是公司与机关、事业单位和社会团体法人的主要区别。

（3）公司应依法成立。公司的依法成立包括以下三层含义：一是公司成立应依据专门的法律，即《公司法》和其他有关的特别法律、行政法规；二是公司成立应符合《公司法》规定的实质要件；三是公司成立须遵循《公司法》规定的程序，履行规定的申请和审批登记手续。

公司包括有限责任公司和股份有限公司两种类型。

有限公司的股东以认缴的出资额为限对公司承担责任；股份有限公司的股东以认购的股份为限对公司承担责任。

2. 有限责任公司的设立条件

根据我国《公司法》规定，设立有限责任公司，应当同时具备下列条件：

（1）股东符合法定人数。一般情况下，有限责任公司由五十个以下股东出资设立。

（2）股东出资达到法定资本最低限额。有限责任公司的注册资本为在公司登记机关登记的全体股东认缴的出资额。公司全体股东的首次出资额不得低于注册资本的百分之二十，也不得低于法定的注册资本最低限额，其余部分由股东自公司成立之日起两年内缴足；其中，投资公司可以在五年内缴足。有限责任公司注册资本的最低限额为人民币三万元。法律、行政法规对有限责任公司注册资本的最低限额有较高规定的，从其规定。

（3）股东共同制定公司章程。公司章程是公司最重要的法律文件，是公司内部组织与行为的基本准则。有限责任公司的公司章程必须由股东共同制定，所有股东应该在章程上签名盖章。我国《公司法》对公司章程必须载明的法定事项作出了明确规定。

（4）有公司名称，并建立符合有限责任公司要求的组织机构。有限责任公司的名称是公司的标志。公司依法享有名称权，经注册的公司名称受法律保护。有限责任公司应依法设立股东会、董事会或执行董事、监事会或监事等组织机构。

（5）有固定的生产经营场所和必要的生产经营条件。

3. 有限责任公司的设立程序

根据我国《公司法》规定，设立有限责任公司，应按下列程序进行。

（1）制定公司章程。有限责任公司章程应当载明下列事项：公司名称和住所；公司经营范围；公司注册资本；股东的姓名或者名称；股东的出资方式、出资额和出资时间；公司的机构及其产生办法、职权及议事规则；公司法定代表人；股东会会议认为需要规定的其他事项。

（2）依法报经政府部门审批。法律、行政法规规定需要经有关部门审批的，应当在设立登记前报请政府主管部门审批。如设立经营保险业的金融机构，就必须报请中国人民银行批准；设立经营桑拿、KTV 等特种行业的公司也需要政府有关部门的审批。

（3）股东缴纳出资。股东可以用货币出资，也可以用实物、知识产权及土地使用权等可以用货币估价并可以依法转让的非货币财产作价出资。全体股东的货币出资金额不得低于有限责任公司注册资本的 30%。股东以货币出资的，应当将货币出资足额存入有限责任公司在银行开设的账户；以非货币财产出资的，应当依法办理其财产权的转移手续。

（4）验资机构验资并出具证明。由依法设立的验资机构对股东出资的价值和真实性进行检验并出具检验证明。验资机构通常包括会计师事务所、资产评估事务所等。

（5）设立公司组织机构。一般包括权力机构股东会、执行机构董事会、监督机构监事会、高级管理人员。股东人数较少和规模较小的可以不设董事会，只设一名执行董事；可以不设监事会，只设一至两名监事。国有独资公司不设股东会，由董事会行使部分股东会职权。

（6）进行工商注册登记。设立公司须依法向公司登记机关申请设立登记，公司凭营业执照刻制印章，开立银行账户，申请纳税登记。当前，我国公司登记机关是工商行政管理机关。随着我国高速发展，注册成立公司的门槛将降低，公司注册资本实缴登记制改为认缴登记制，并取消注册资本最低限额。

（7）签发出资证明书。

4. 有限责任公司的组织机构

公司组织机构是公司法人治理结构的核心部分。依照我国《公司法》规定，有限责任公司应设立股东会、董事会或执行董事、监事会或监事等组织机构。各类组织机构的性质、职权及规则等具体内容请参看《公司法》。

5. 一人有限责任公司的特别规定

一人有限责任公司，是指只有一个自然人股东或者一个法人股东的有限责任公司。

一人有限责任公司的注册资本最低限额为人民币十万元。股东应当一次足额缴纳公司章程规定的出资额。

一个自然人只能投资设立一个一人有限责任公司；该公司不能投资设立新的一人有限责任公司；一人有限责任公司应当在公司登记中注明自然人独资或者法人独资，并在公司营业执照中载明；公司章程由股东制定；公司不设股东会，股东作出决定公司的经营方针和投资计划决定时，应当采用书面形式，并由股东签名后置备于公司；公司应当在每一会计年度终了时编制财务会计报告，并经会计师事务所审计；公司的股东不能证明公司财产独立于股东自己的财产的，应当对公司债务承担连带责任。

6. 有限责任公司的优劣势

有限责任公司的优势：

（1）有限责任。由于拥有法人资格，股东个人承担的责任仅仅以所出的股本为限，其他个人资产不受牵连，降低了个人投资风险。

（2）运行稳定。注册有限责任公司时，要求拥有完善的管理和财务制度，同时股东入股后不得抽回资金，这就在法律上保证了充裕的资金和健全的运行机制，不会因为个别股东的变故而使企业产生动荡。

有限责任公司的劣势：

（1）注册手续较复杂、费用高。注册有限责任公司必须经过严格审查，费用比较高，主要是获取相关的注册文件和验资费用。

（2）税收较高。一方面要缴纳企业所得税，另一方面还要缴纳个人所得税。

（3）不能撤回资金，转让困难。股东一旦出资就不能撤回资金，股东只能享受收益，不能随便转让股本。

（4）信贷信誉不高，发展空间有限。

根据统计，我国有 2/3 的企业采用公司的形式。如果考虑到综合成本与收益，一般营业额在 3 万元以下的，可以选用个体工商户或独资企业；营业额 3 万～10 万元，可以采用合伙企业；10 万～50 万元，可以选择合伙企业和有限责任公司的形式。

（五）公司企业——股份有限公司

由于股份有限公司的设槛相对较高，对于刚踏入社会的毕业生而言，一般不会采用这种组织形式。因此，这部分内容仅简要介绍，有兴趣的同学可参看《公司法》的相关规定。

1. 股份有限公司的设立方式

股份有限公司的发起人是指依法办理筹建股份有限公司事务的法人或者自然人。依据《公司法》的规定，股份有限公司的设立可以采取发起设立或者募集设立两种方式。

2. 股份有限公司的设立条件

（1）发起人符合法定人数。即应当有二人以上二百人以下的发起人，其中须有过半数的发起人在中国境内有住所。

（2）发起人认购和社会公开募集的股本达到法定资本最低限额。注册资本的最低限额为人民币五百万元。法律、行政法规有较高规定的，从其规定。

（3）股份发行、筹办事项要符合法律规定。

（4）发起人制订公司章程，采用募集方式设立的须经创立大会通过。

（5）须有公司名称和符合股份有限公司要求的组织机构。

（6）有公司住所。

3. 股份有限公司的设立程序

（1）发起人发起。

（2）制定公司章程。

（3）认购股份。

（4）验资机构验资并出具证明。

（5）募集方式设立必须召开创立大会。

（6）申请登记注册。

（7）建立公司的组织机构。

4. 组织机构

依照我国《公司法》规定，股份有限公司的组织机构包括股东大会、董事会、经理和监事会。

5. 股份有限公司的优劣势

股份有限公司的优势包括：

（1）资本证券化。实行股份的等额化和转让自由化，对股东身份、人数都没有限制，因而能广泛筹集资金，有利于企业规模扩大。

（2）个人财产与企业财产完全分离。

（3）所有权与经营权分离，股东不参与经营，企业经营权由董事会和经理掌握。

劣势主要表现在：由于其自身特点，对注册资本和设立程序要求非常高，并且，复杂的运作方式尤其不适合创业初期的小企业。

【阅读材料】

胡×的防盗系统公司

胡×准备与他的 3 个朋友一起创办一家开发防盗系统的公司，他们一共凑齐了 50 万元，随后就开始选址、注册公司，并给公司起名字。4 个从来没有创办企业经历的年轻人从公司注册这一步就开始"晕菜"了。虽然在产品的设计开发中，他们个个都是好手，但是在准备创办企业这件事上，他们甚至连工商管理部门的大门朝哪边儿开都不清楚，这让他们心里没了底。为了了解注册程序，他们先到工商管理部门拿了一套注册公司的程序介绍。几个人回来研究了一番，却发现越研究越不明白。像他们这样开发防盗系统的公司究竟应该注册成什么类型的企业？应该提供哪些资料？具体的费用是多少？究竟该怎么给自己的公司起名？几个人商讨了好几个晚上还是没有个结果。烦琐的注册程序，使几个人同时产生了为难情绪。

【思考与讨论】

1. 胡×准备创业开公司，那么第一步应该做什么呢？

2. 胡×的公司采用什么样的组织形式比较合适呢？

3. 你能给胡×的公司起个好名字么？

二、创业企业设立的一般流程

一般而言，创业企业设立流程如下：第一步，企业选择，即选择合适的企业组织形式；第二步，名称设计，即设计新创企业和企业产品的称呼；第三步，登记注册，具体包括企业名称登记、工商注册、税务登记和其他登记备案事项。

（一）企业名称设计

1. 企业名称要素

企业名称，是用文字形式表示一个企业区别于其他企业或组织的特定标志，也曾被俗称"厂牌"。

企业名称一般由以下四部分依次组成：企业所在地行政区划名称、字号（商号）、行业（或经营）特点、组织形式。

（1）行政区划

企业名称中的行政区划是本企业所在地县级以上行政区划的名称或地名。具备下列条件的企业法人，可以将名称中的行政区划放在字号之后、组织形式之前：①使用控股企业名称中的字号；②该控股企业的名称不含行政区划；③使用外国（地区）出资企业字号的外商独资企业，可以在名称中间使用"中国"字样。

（2）字号

企业名称中的字号应当由两个及以上汉字组成，行政区划不得用作字号，但县以上行政区划地名具有其他含义的除外。企业名称可以使用自然人投资人的姓名作字号。

（3）行业

企业名称中的行业表述应当是反映企业经济活动性质所属国民经济行业或者企业经营特点的用语。企业名称中行业用语表述的内容应当与企业经营范围一致。企业经济活动性质分别属于国民经济行业不同大类的，应当选择主要经济活动性质所属国民经济行业类别用语表述企业名称中的行业。

企业名称中不使用国民经济行业类别用语表述企业所从事行业的，应当符合以下条件：企业经济活动性质分别属于国民经济行业五个以上大类；公司注册资本（或注册资金）1亿元人民币以上或者是企业集团的母公司；与同一工商行政管理机关核准或者登记注册的企业名称中字号不相同。

企业为反映其经营特点，可以在名称中的字号之后使用国家（地区）名称或者县级以上行政区划的地名。上述地名不视为企业名称中的行政区划，如北京＊＊＊四川火锅有限公司、北京＊＊＊韩国烧烤有限公司，其中的"四川火锅""韩国烧烤"均视为企业的经营特点。

企业名称不应当或者暗示有超越其经营范围的业务。

（4）组织形式

依据我国《公司法》《中外合资经营企业法》《中外合作经营企业法》及《外资企业法》申请登记的企业名称，其组织形式为有限公司（有限责任公司）或者股份有限公司；依据其他法律、法规申请登记的企业名称，组织形式不得申请为"有限公司（有限责任公司）"或"股份有限公司"，非公司制企业可以申请用"厂""店""部""中心"等作为企业名称的组织形式，如"北京＊＊＊食品厂""南京＊＊商店""杭州＊＊技术开发中心"。

企业只准使用一个名字，在某一个工商行政管理局辖区内，冠以同一行政区划名称的企业不得与登记注册的同行业企业名称相同或近似。

企业名称的确立在不同国家和不同年代有不同的色彩，它与一个国家的政治制度、经济制度及思想文化的发展有很大关系。

在生产资料私有制的条件下，企业名称的确立一般是以企业创始人的名字或吉祥、响亮、含蓄及趣味等方面的因素来确定。

市场经济的发展，使得企业名称及其构成发生了重大变化，企业名称中出现了字号，如北京四通集团，其中"四通"是企业字号。并且，作为区别不同企业的企业名称，基本构成变为"两段式"，或是"地名＋字号"，如"西安杨森"；或是"字号＋经营业务名称"，如"春兰空调"；或是"字号＋企业组织形式"，如"海尔集团"。无论哪种"两段式"，字号都是必不可少的。

作为企业标识，它储存着企业资信及其产品的市场竞争力等信息，这就使其成为商誉的载体而具有财产价值。如"万宝路"的商誉价值已高达440亿美元，相当于其年营业额的两倍；家喻户晓的"可口可乐"，其商誉价值已达334亿美元。早在1967年，可口可乐公司就宣称，即使公司一夜之间化为灰烬，照样可以起死回生，因为仅凭商誉，就有大银行找上门来贷款，这就是著名字号所独有的魅力。

2. 命名要求

企业及企业产品的名称对消费者的选择是有直接影响的，所以每一位企业家，无一例外都会精心设计企业的名称，并深深认识到它在竞争中所起的作用。索尼公司创始人盛田昭夫曾经说过："取一个响亮的名字，能够引起顾客美好的联想，提高产品的知名度与竞争力。"一个设计独特、易读易记、富有艺术和形象性的企业名称，能迅速抓住大众的视线，诱发其浓厚的兴趣和丰富的想象，留下深刻的印象。因此，新创业企业在设计企业名称时，应该要注意以下几个方面：

（1）注重人和，起名时致力挖掘企业名称的文化底蕴。

（2）注重地利，起名时致力拓展企业名称的历史潜能。

（3）注重天时，起名时致力开发企业名称的时代内涵。

（4）应强化标志性和识别功能，避免雷同。

（5）应加强企业命名与品牌、商标的统一性。

（6）应避免无特征的企业名称，要凸显名称的"个性"。

3. 注意事项

（1）字音念起来会不会很顺口、容易记忆。（一家叫"飞龙"、另一家叫"鼎毓"，比较容易记住的是哪个？）

（2）和别的公司名称有没有类似？会不会混淆？（同一条街上有"富林""永林""青林"等公司，岂不混乱？）

（3）字义的意境优美，符合公司形象（"香奈儿公司"的意境是否很适合其华丽的公司形象呢？）。

（4）外国人容易发音、容易以英文字母表达。（如"维那公司"可翻译成"Vena Company"）

（5）名称和所从事行业形象会不会让人感觉矛盾。（公司名"圣文"，其产品却是健身器材，就给人感觉很矛盾）

（6）应当通过公司的名字，马上让人知道在卖什么商品。

（二）登记注册

创业企业从事经营活动，必须到工商行政管理部门办理登记手续，领取营业执照，如果从事特定行业的经营活动，还须事先取得相关主管部门的批准文件。企业设立后，需要税务登记，需要会计人员处理财务，这其中就涉及到税法和财务知识，因此，创业者需要了解企业需要缴纳哪些税项。

1. 名称预先登记

企业名称应当由行政区划、字号、行业、组织形式依次组成，法律法规另有规定的除外。例如，北京安泰新世纪信息技术有限公司，"北京"为行政区域；"安泰新世纪"为字号；"信息技术"为行业；"有限公司"为组织形式。

我国在公司登记工作中实行公司名称预先核准制。申请公司名称预先核准时，应由创业企业的代表或其委托的代表人向登记主管部门提出名称预先核准的申请，并提交如下文件：

（1）有限责任公司的全体股东或者股份有限公司的全体发起人签署的公司名称预先核准申请书。

（2）股东或发起人的法人资格证明或者自然人的身份证明。

（3）公司登记机关要求提交的其他文件。

非股份有限公司或者有限责任公司，企业名称不得称公司。非公司的企业称谓很多，如厂、店、楼、厦、行、社、中心、局、处、所、城和汇等。对非公司法人企业名称的核准，程序上没有专门规定，一般随投资人向工商行政管理局提交的设立法人企业的申请一并进行。

企业名称核准后，企业名称要遵照《企业名称登记管理规定》和《企业名称登记管理实施办法》，到工商行政管理部门申请注册，非经工商行政管理机关核准的企业名称不受法律保护。国家工商行政管理局和地方各级工商行政管理局是企业名称的登记管理机关，登记主管机关依照《中华人民共和国企业法人登记管理条例》，对企业名称实行分级登记管理。凡使用"中国""中华""国家""全国"及"国际"，或者不冠以企业所在地行政区划名称的企业名称，须经国家工商行政管理局核准。外商投资企业名称，由国家工商行政管理局核定。

2. 工商注册

企业法人申请开业登记程序是指有关法规、规章所规定的企业法人申请开业登记应遵循的步骤和过程，它有两个基本要求：

首先，开业者要符合国家规定的开业条件。根据《工商企业登记管理条例实施细则》的规定，创业企业申请登记时，应符合下列基本条件：有固定的生产经营场所和必要的设施；有固定的人员；有必要的资金；年生产经营或季节性生产经营在3个月以上；有明确的生产经营范围并符合国家有关政策法令。

其次，要备齐有关法律文件，包括企业筹建人签署的申请登记书、政府部门或主管部门的批文、企业的章程和企业主要负责人的名单和身份证明（并附照片）。

工商注册的基本程序包括：

（1）登陆政府相关政务服务网，根据提示提交相关文件、资料、办理入资和验资手续，经登记主管机关受理、审查、核准及发照等环节之后，领取工商营业执照。具体操作以山东省为例，设立登记有以下两种申报方式。

① 申报方式选全程电子化，设立登记除身份证（营业执照）照片，其他材料均可自动生成，材料齐全提交预审，预审通过后进行材料电子签名，生成签名文档，核对签名信息（如有缺失请手动增加），发起签名后相关人员（普通人、公司均可电子签名）通过全程电子化 APP 进行电子签名（普通人选自然人登录，先在用户中心——数字证书管理设置手写签章，再点签名事项进行签字确认；公司签章由其法定代表人选企业签章登录，下载电子营业执照，并设置密码再点击签名事项进行签章）；再次提交后办理状态显示已办结，即可去登记机关领取营业执照。

② 因客观原因不能走全程电子化的请选窗口登记，设立或变更业务上传材料需签字盖章，相关人员通过身份验证 APP 进行身份认证，预审通过后带纸质材料去登记机关窗口办理。

需要注意的是，在进行工商注册登记的同时，一定要选择税务登记按钮，这样就可以同步办理税务相关业务，也为后期办理相关税务业务提供了信息共享，也加快了企业设立的速度。

营业执照分为正副两种文本，正本为悬挂式，用于企业亮证经营；副本为折叠式，用于携带外出进行经营活动。创业者如果需要进行基本建设，还需向工商局申请筹建登记，并领取筹建许可证。

（2）进行企业代码登记，刻公章，开设银行账户

① 企业应在取得工商部门核发营业执照后，前往公安局指定地点刻制公章。刻章时，需携带单位出具的规范介绍信、上级主管部门单位介绍信和工商营业执照，无上级主管部门的，须持营业执照副本，法定代表人身份证复印件备案，并由法人亲自办理。

② 企业应自领取营业执照或许可证照之日起，30 日内前往技术监督局办理企业代码证书。办理时需携带：营业执照副本及复印件、单位公章、法人名章及法人身份证复印件、上级主管部门代码证书复印件（有限公司、股份制及私营企业除外）、企业正式职工人数、单位编码和电话等证明材料。

（3）办理各种社会保险统筹及就业证。

3. 税务登记

新创企业注册后应当向主管国家税务机关申报办理税务登记。如果创业者在

进行工商登记时已经点选了办理税务选项，那么后期的税务登记就可以同步进行办理，既可以省下大量时间和精力。但如果未点选，则需要做好以下工作。

税务登记程序如下：

（1）登录电子税务局（以山东省为例），输入纳税人识别号（统一社会信用代码）和密码登录，确认纳税人信息后，上传相关资料，即可办理申领发票等相关操作。

（2）根据《税收征管法实施细则》的规定，提供相应有关证件和资料：营业执照（复印件）；有关合同、章程、协议书；企业代码证书；银行账号证明；居民身份证（复印件）、护照或者其他合法证件；税务机关要求提供的其他有关证件、资料。

（3）税务机关审核后发给税务登记证，纳税人凭税务登记证办理以下税务事项：申请办理减税、免税及退税；申请办理外出经营税收管理证明；购发票；申请办理税务机关规定的其他有关税务事项。

（4）如需发票等可到服务窗口进行领取确认。

（5）如果税务登记内容发生变化，企业还要办理变更登记手续。

4. 其他登记备案事项

（1）银行开户

企业可以在银行申请基本存款账户、一般存款、临时存款及专用存款账户。基本存款账户是企业办理日常结算和现金收付的账户，企业的工资和资金等现金的支出，只能通过基本存款账户办理。企业的基本存款账户只能选择一家银行的一个营业机构开立，不得在多家银行机构开立。

企业在银行开立基本存款账户时，必须填制开户申请书，提供当地工商行政管理机关核发的《企业法人执照》或《营业执照》正本等有关文件，送交盖有企业印章的印鉴卡片，经银行审核同意，并凭中国人民银行当地分支机构核发的开户许可证开立账户。

一般存款账户是企业在基本存款户以外的银行存款转存、与基本存款户的企业不在同一地点的附属非独立核算单位的账户，企业可以通过本账户办理转账结算和现金缴存，但不能办理现金支取。

临时存款账户是企业因临时经营活动需要开立的账户，企业可以通过本账户输转。企业申请开立一般存款、临时存款及专用存款账户，应填制开户申请书，提供基本存款账户的企业同意其附属的非独立核算单位开户的证明等证件，送交盖有企业印章的卡片，银行审核同意后开立账户。

（2）企业代码

新创企业在办理工商注册登记之后，再到技术监督部门办理组织机构代码证书。申请企业组织机构代码证书应提交的文本有：企业营业执照原件（正本、副本均可）（核对）；企业营业执照复印本（正本、副本均可）（备案）；法定代表人（负责人）和经办人身份证复印件；申报表等。

（3）保险

根据《社会保障费征缴暂行条例》，创业企业注册后还必须办理社会保险。我国社会保险包括基本养老保险费、基本医疗保险费、失业保险费。社会保险登记程序如下：

（1）单位递交申请，填写《社会保险登记表》和提供证件资料。

（2）社保经办机构审核单位要求报送的资料。

（3）社保经办机构经审核无误后，建立参保单位、人员基础档案，核发《社会保险登记证》。

证件资料（均需原件和复印件）包括：

（1）工商行政管理机关注册的工商营业执照、批准成立证件或其他核准执业证件。

（2）国家质量技术监督部门验发的组织机构统一代码证书。

（3）企业法定代表人身份证。

（4）税务登记证。

（5）劳动和社会保障部门审批的劳动工资手册。

（6）职工工资发放表。

（7）职工与企业签订的劳动合同书。

第四节　创业政策

一、国家和政府支持毕业生创业

（1）加大创业政策扶持力度。创业创新作为扩大就业的重要方向。相关部门表示，下一步将向大学生倾斜政策服务资源，给予创业担保贷款、创业补贴、场地支持。同时，完善灵活就业的保障举措，支持毕业生进行个体经营、非全日制就业和平台就业。各省级教育行政部门要与有关部门共同贯彻落实好财政部、国家税务总局等文件要求，让毕业生切实享受到自主创业税收减免政策。积极协调并配合有关部门出台支持政策，通过政府投入和民间募集等方式，设立学生创业资金，加大资金投入；落实毕业生自主创业在工商注册、行政审批、小额担保贷款等方面的政策。各职业院校要深入挖潜，积极出台本校促进学生自主创业的措施办法。

（2）全面开展创新创业教育和创业实践活动。教育部将积极推进创新创业教育教学改革项目；各地要积极推动职业院校建设创业教育基地，设立创业教育资金，开展示范校评选，编写教学基本要求和教材，推广创业教育优秀成果。创新创业教育要面向全体学生，结合专业教学，融入人才培养全过程；广泛开展创业讲座、创业大赛等实践活动，提高学生的创业素质和创业能力。

（3）加快建成一大批学生创业实践和孵化基地。教育部将推动建设一批学生科技创业实习基地，继续开展"国家大学生创业示范基地"评选活动；各地要充分利用大学科技园、经济技术开发区、高新技术开发区、工业园区等资源，创建一批省级和地市级学生创业实践和孵化基地，制定配套优惠措施；各学校也要积极整合资源，通过企业参与等方式建立创业基地，并进一步加快科技成果产业化进程，提升学校服务社会的能力。

（4）加强对毕业生自主创业的指导服务。教育部开通"大学生创业服务网"；各地和职业院校要依托创业网，广泛挖掘创业项目和创业信息，开展创业培训、政策咨询、创业实训，提供项目开发、开业指导等服务，鼓励和帮助创业的学生带动更多学生实现创业、就业。

根据教育部的这个政策，各地纷纷出台相关的政策，支持当地学生创业。

二、创业贷款政策解读

国家和地方政府均结合国家有关政策对学生自主创业贷款、企业申请等诸多方面提供便利。

（一）创业资金来源

资金是学生创业的第一难题，毕业生有的刚工作不久，有的甚至连工作都还没有，而大多数家庭又没有足够的实力来支持家中的孩子来创业。其实不仅仅是学生创业，这对于大多数想要创业的人来说，资金都是很难跨过的一个门槛！甚至于很多想要创业的人在创业资金这第一道槛上就被挡住了。

国家对此出台了相关的学生创业贷款政策，主要优惠政策内容有：

（1）各国有商业银行、股份制银行、城市商业银行和有条件的城市信用社要为自主创业的毕业生提供小额贷款。在贷款过程中，简化程序，提供开户和结算便利，贷款额度在5万元左右。

（2）贷款期限最长为两年，到期后确定需要延长贷款期限的，可以申请延期一次。

（3）贷款利息按照中国人民银行公布的贷款利率确定，担保最高限额为担保基金的5倍，担保期限与贷款期限相同。

大学生创业贷款办理方法如下：大学毕业生在毕业后两年内自主创业，需到创业实体所在地的当地工商部门办理营业执照，注册资金（本）在 50 万元以下的，可以允许分期到位，首期到位的资金不得低于注册资本的 10%（出资额不得低于 3 万元），1 年内实际缴纳注册资本如追加至 50% 以上，余款可以在 3 年内分期到位。如有创业大学生家庭成员的稳定收入或有效资产提供相应的联合担保，信誉良好、还款有保障的，在风险可控的基础上可以适当加大发放信用贷款额度，并可以享受优惠的低利率。

（二）税收优惠政策

自主创业第二个受到关注的地方在于税务方面的问题。国家在大学生创业优惠政策中对于税收方面作出了以下规定：

（1）凡毕业生从事个体经营的，自当地工商部门批准其经营之日起 1 年内免交税务登记证工本费（即：免税）。

（2）新成立的城镇劳动就业服务企业（国家限制的行业除外），当年安置待业人员（含已办理失业登记的高校毕业生，下同）超过企业从业人员总数 60% 的，经相关主管税务机关批准，可免纳所得税 3 年。

劳动就业服务企业免税期满后，当年新安置待业人员占企业原从业人员总数 30% 以上的，经相关主管税务机关批准，可减半缴纳所得税 2 年。

除此之外，具体不同的行业还有不同的税务优惠：

（1）大学毕业生创业新办咨询业、信息业、技术服务业的企业或经营单位，提交申请经税务部门批准后，可免征企业所得税两年。

（2）大学毕业生创业新办从事交通运输、邮电通讯的企业或经营单位，提交申请经税务部门批准后，第一年免征企业所得税，第二年减半征收企业所得税。

（3）大学毕业生创业新办从事公用事业、商业、物资业、对外贸易业、旅游业、物流业、仓储业、居民服务业、饮食业、教育文化事业、卫生事业的企业或经营单位，提交申请经税务部门批准后，可免征企业所得税一年。

有了众多免税的创业优惠政策扶持，相信广大自主创业的大学毕业生，在创业初期就能省下大量资金用于企业运作。

（三）企业运营管理

企业运营管理方面的创业优惠政策相对于贷款优惠和税收优惠政策来说，并不受到大多数创业者的关注，甚至有的自主创业毕业生根本不知道有这一优惠政策。这方面的优惠政策如下：

（1）员工聘请和培训享受减免费优惠。对毕业生自主创办的企业，自当地工商部门批准其经营之日起 1 年内，可以在政府人事、劳动保障行政部门所属的人才中介服务机构和公共职业介绍机构的网站免费查询人才、劳动力供求信息，免费发布招聘广告等。这一点有助于在创业初期获得相关行业所需求的人才资源，能够帮助自主创业的毕业生以最低代价，更容易获取所需的专业人才。

（2）参加政府人事、劳动保障行政部门所属的人才中介服务机构和公共职业介绍机构举办的人才集市或人才、劳务交流活动时可给予适当减免交费。政府人事部门所属的人才中介服务机构免费为创办企业的毕业生、优惠为创办企业的员工提供一次培训、测评服务。

以上创业优惠政策是国家针对全国所有自主创业的毕业生所制定的。另外，各地政府为了扶持当地学生创业，也出台了相关的政策法规，而且因为更有针对性，所以更加细化，更贴近实际。学生如果准备创业，那么在了解国家的学生自主创业鼓励政策外，也一定要去了解当地的、详细的创业优惠政策。除此以外，学生自主创业在档案保存和社会保障办理方面也有对应的优惠，是为了鼓励学生自主创业，解决创业的后顾之忧，提供有效的保障和服务。

第七章
创业案例

一、一代传奇——乔布斯

21岁的史蒂夫·乔布斯（Steve Jobs）和26岁的沃兹·尼艾克在乔布斯家的车库里成立了苹果电脑公司。他们开发的"苹果"具有4K内存，用户使用他们的电视机作为显示器，这就是第一台在市场上进行销售的个人电脑。

乔布斯后来说："我很幸运，当计算机还是个年轻产业的时候，我进入了这个领域。当时拥有计算机学位的人不多，从业人员都是从物理、音乐、动物学等领域半途出家的优秀人才。他们对此有浓厚的兴趣，没有谁是为了钱进了计算机这个行业的。"

1986年乔布斯买下了数字动画公司Pixar。这间公司如今已成为畅销动画电影《玩具总动员》和《虫虫危机》的制作厂商，它是乔布斯事业生涯中的第二个高峰。

1996年，苹果公司重新雇佣乔布斯作为其兼职顾问。此时苹果经历了高层领导的不断更迭和经营不善之后，其运营情况每况愈下，财务收入开始萎缩。

1997年，乔布斯重返苹果，他重视"消费者"和"专业人员"，聚焦"桌面"和"便携"，他告诉团队其余的产品应该全部取消。通过让苹果聚焦于生产四种电脑，乔布斯成功地挽救了公司。

1998年，iMac背负着苹果公司的希望，凝结着员工的汗水，寄托着乔布斯振兴苹果的梦想，呈现在世人面前。它是一个全新的电脑，代表着一种未来的理念。半透明的外装，一扫电脑灰褐色的千篇一律的单调，似太空时代的产物，加上发光的鼠标，以及1299美元的价格标签，令人赏心悦目。为了宣传，乔布斯把笛卡尔的名言"我思故我在"变成了iMac的广告文案，由此成了广告业的经典案例。

1999年，乔布斯又推出了第二代iMac，有着红、黄、蓝、绿、紫五种水果颜色的款式可供选择，一上市就受到用户的热烈欢迎。1999年7月推出的像漂亮玩具一样的笔记本电脑iBook在市场上迅速受到用户追捧。iBook融合了iMac独特的时尚风格、最新无线网络功能与苹果电脑在便携电脑领域的全部优势，是专为家庭和学校用户设计的"可移动iMac"。

1999年10月iBook夺得"美国消费类便携电脑"市场第一名，还在《时代》杂志举行的"1999年度世界之最"评选中，荣获"年度最佳设计奖"。

在乔布斯的改革之下，"苹果"终于实现盈利。乔布斯刚上任时，苹果公司的亏损高达 10 亿美元，一年后却奇迹般地赢利 3.09 亿美元。1999 年 1 月，当乔布斯宣布第四财政季度赢利 1.52 亿美元，超出华尔街的预测 38% 时，苹果公司的股价立即攀升，最后以每股 4.65 美元收盘，舆论哗然。苹果电脑在 PC 市场的占有率已由原来的 5% 增加到 10%。

1997 年，乔布斯被评为"最成功的管理者"。越来越多的业界同仁认同了此观点，甚至连当初将乔布斯挤出苹果公司的斯卡利也情不自禁地赞叹："苹果的逆转不是骗局，乔布斯干得绝对出色，苹果又开始回到原来的轨道。"

2007 年，苹果步入手机领域，iphone 的出现不仅使得产业标准得到重新定制，也使得苹果公司得到了长远发展。

2011 年，苹果公司成了美国市值最大的公司，推出的各种电子产品重新定义了产业标准。

二、乐于思考的高职创业者——聂云宸

聂云宸，一名高职毕业生，19 岁尝试开手机店，却因手机市场竞争激烈、山寨机横行、电商崛起，最后以失败告终。后来，聂云宸开始了第二次创业——开新茶饮店，他在 2012 年开了一家名为"皇茶 RoyalTea"（即喜茶前身），以原创芝士奶盖茶为主打产品，开启了创业之路。但是在很长的一段时间内，聂云宸的奶茶店几乎无人问津，门可罗雀。

聂云宸并不因此而灰心，毕竟，做奶茶，他还是一个门外汉。他很懂"酒香不怕巷子深"的道理，他每隔一段时间，都会在网上展开调查，收集顾客对自己奶茶味道和质量的反馈。每一条意见他都视作对自己的鞭策，并且尽全力去改善。他每天至少要将奶茶的配方反反复复地修改六次以上，而每一次的改进对于自己的产品都是一次提升。之后，他又引进了台湾地区的奶盖茶，也正是这款来自宝岛的产品，让聂云宸的奶茶店从生意清淡到门庭若市！

2018 年，喜茶公司融资 4 亿元人民币，并通过自主研发"喜茶 GO"小程序，这种基于微信小程序研发的智慧点单工具，利用微信即可实现自主预约下单，同时支持越来越火爆的外卖服务，受到了消费者的欢迎。目前，喜茶 GO 小程序的活跃用户已超 600 万，复购率也即将突破 40%。喜茶 GO 小程序与喜茶 GO 社区店的线上线下联合，让喜茶走出了一条新零售网络模式。对于喜茶创始人聂云宸来说，创新永远不会停止，任何可能都会发生。

截至 2020 年，喜茶在海内外超过 44 个城市拥有超过 450 家门店，线上用户超过 2600 万。

但是，成功之后的他仍然没有松懈，依旧将精力花在对产品的改进上。如今

在聂云宸的办公桌上，依旧摆放着二十几个半空的瓶子，他每天依旧要尝尽二十种口感的奶茶，这近乎成了他的必修课。

正是凭借着如此执着的创业精神，才让一些投资大佬纷纷向他抛出了橄榄枝。2016 年夏季，乐百氏创始人、著名投资人何伯权先生率先拿出一亿元人民币投给他所看好的喜茶品牌，算是开了喜茶品牌融资的先河！两年后，龙珠资本为喜茶投下 4 亿元人民币的 B 轮融资，随后，腾讯、红杉资本又为喜茶投下估价约 90 亿元人民币的新一轮融资。去年，高瓴资本和蔻图资本联合领投，让喜茶目前的市场估值竟高达 160 亿元人民币。

不积跬步，无以至千里；不积小流，无以成江海。如今身价 40 亿元人民币的聂云宸，仍旧为自己的喜茶品牌日夜忙碌，正是有了这一份始终如一的初心，不到而立之年的他才能创下一份这么伟大的事业。

三、强烈的创业意识——被拒绝了 1009 次的肯德基创始人

桑德斯上校退休后拥有的所有财产只是一家靠在高速公路旁的小饭店。饭店虽小，但颇具特色，与众不同。可最受欢迎的、也是客人最爱吃的一道菜就是他发明烹制的香酥可口的炸鸡，仅此就给他带来了一笔可观的财富。多年来，他的客人一直对他烹制的炸鸡赞赏有加。可是令他万万没想到的是，由于高速公路改道别处，饭店的生意突然间也一落千丈，最后只好关门歇业。被逼无奈，桑德斯上校决定向其他饭店出售他制作炸鸡的配方，以换取微薄的回报。

在推销的过程中，没有一家饭店愿意购买他的配方，并且还不时地嘲笑他。一个人在任何年龄被人嘲笑都不是件令人愉快的事，更何况到了退休的年龄还被人嘲笑，这就更令人难以接受了。而这恰恰发生在了桑德斯上校身上。他不但被人嘲笑并且接连不断地被人拒绝，可见这些经历对他的影响有多么巨大。但他始终没有放弃，在没有找到买主之前，他开着车走遍了全国，吃住都在车上，就在被别人拒绝了 1009 次后，才有人终于同意采纳他的想法，购买他的配方。从此后他的连锁店遍布全世界，也被载入了商业史册。这就是肯德基的由来。

人们为了纪念这位桑德斯上校，就在所有的肯德基店前树立一尊他的塑像，以此作为肯德基的形象品牌。俗话说："神枪手是一枪一枪打出来的！"缺乏坚持不懈的毅力或者认为自己不能得到自己想要的东西，这两者都是阻碍大多数人勇于改变的关键原因。如果你能够紧紧抓住自己的目标不放并坚持不懈，那么很快你就会超过大多数人。记住，是你掌握着自己的生活。如果你一心想达到一个目标，就一定会有办法取得成功。

国务院关于强化实施创新驱动发展战略
进一步推进大众创业万众创新深入发展的意见

国发〔2017〕37 号

各省、自治区、直辖市人民政府，国务院各部委、各直属机构：

创新是社会进步的灵魂，创业是推进经济社会发展、改善民生的重要途径，创新和创业相连一体、共生共存。近年来，大众创业、万众创新蓬勃兴起，催生了数量众多的市场新生力量，促进了观念更新、制度创新和生产经营管理方式的深刻变革，有效提高了创新效率、缩短了创新路径，已成为稳定和扩大就业的重要支撑、推动新旧动能转换和结构转型升级的重要力量，正在成为中国经济行稳致远的活力之源。为进一步系统性优化创新创业生态环境，强化政策供给，突破发展瓶颈，充分释放全社会创新创业潜能，在更大范围、更高层次、更深程度上推进大众创业、万众创新，现提出如下意见。

一、大众创业、万众创新深入发展是实施创新驱动发展战略的重要载体

深入推进供给侧结构性改革，全面实施创新驱动发展战略，加快新旧动能接续转换，着力振兴实体经济，必须坚持"融合、协同、共享"，推进大众创业、万众创新深入发展。要进一步优化创新创业的生态环境，着力推动"放管服"改革，构建包容创新的审慎监管机制，有效促进政府职能转变；进一步拓展创新创业的覆盖广度，着力推动创新创业群体更加多元，发挥大企业、科研院所和高等院校的领军作用，有效促进各类市场主体融通发展；进一步提升创新创业的科技内涵，着力激发专业技术人才、高技能人才等的创造潜能，强化基础研究和应用技术研究的有机衔接，加速科技成果向现实生产力转化，有效促进创新型创业蓬勃发展；进一步增强创新创业的发展实效，着力推进创新创业与实体经济发展深度融合，结合"互联网＋""中国制造2025"和军民融合发展等重大举措，有效促进新技术、新业态、新模式加快发展和产业结构优化升级。

——创新为本、高端引领。以科技创新为基础支撑，实现创新带动创业、创业促进创新的良性循环。坚持质量效率并重，引导创新创业多元化、特色化、专业化发展，推动产业迈向中高端。坚持创新创业与实体经济相结合，实现一二三产业相互渗透，推动军民融合深入发展，创造新供给、释放新需求，增强产业活力和核心竞争力。

——改革先行、精准施策。以深化改革为核心动力，主动适应、把握、引领

经济发展新常态，面向新趋势、新特征、新需求，主动作为，针对重点领域、典型区域、关键群体的特点精准发力，出实招、下实功、见实效。着力破除制约创新创业发展的体制机制障碍，促进生产、管理、分配和创新模式的深刻变革，继续深入推进"放管服"改革，积极探索包容审慎监管，为新动能的成长打开更大空间。

——人才优先、主体联动。以人才支撑为第一要素，改革人才引进、激励、发展和评价机制，激发人才创造潜能，鼓励科技人员、中高等院校毕业生、留学回国人才、农民工、退役士兵等有梦想、有意愿、有能力的群体更多投身创新创业。加强科研机构、高校、企业、创客等主体协同，促进大中小微企业优势互补，推动城镇与农村创新创业同步发展，形成创新创业多元主体合力汇聚、活力迸发的良性格局。

——市场主导、资源聚合。充分发挥市场配置资源的决定性作用，整合政府、企业、社会等多方资源，建设众创、众包、众扶、众筹支撑平台，健全创新创业服务体系，推动政策、技术、资本等各类要素向创新创业集聚，充分发挥社会资本作用，以市场化机制促进多元化供给与多样化需求更好对接，实现优化配置。

——价值创造、共享发展。以价值创造为本质内涵，大力弘扬创新文化，厚植创业沃土，营造敢为人先、宽容失败的良好氛围，推动创新创业成为生活方式和人生追求。践行共享发展理念，实现人人参与、人人尽力、人人享有，使创新创业成果更多更公平地惠及全体人民，促进社会公平正义。

二、加快科技成果转化

重点突破科技成果转移转化的制度障碍，保护知识产权，活跃技术交易，提升创业服务能力，优化激励机制，共享创新资源，加速科技成果向现实生产力转化。

（一）建立完善知识产权运用和快速协同保护体系，扩大知识产权快速授权、确权、维权覆盖面，加快推进快速保护由单一产业领域向多领域扩展。搭建集专利快速审查、快速确权、快速维权等于一体，审查确权、行政执法、维权援助、仲裁调解、司法衔接相联动的知识产权保护中心。探索建立海外知识产权维权援助机制。发挥国家知识产权运营公共服务平台枢纽作用，加快建设国家知识产权运营服务体系。（国家知识产权局牵头负责）

（二）推动科技成果、专利等无形资产价值市场化，促进知识产权、基金、证券、保险等新型服务模式创新发展，依法发挥资产评估的功能作用，简化资产评估备案程序，实现协议定价和挂牌、拍卖定价。促进科技成果、专利在企业的推广应用。（国家知识产权局、财政部、科技部、中国科协等单位按职责分工负责）

（三）探索在战略性新兴产业相关领域率先建立利用财政资金形成的科技成果限时转化制度。财政资金支持形成的科技成果，除涉及国防、国家安全、国家利益、重大社会公共利益外，在合理期限内未能转化的，可由国家依法强制许可实施转化。（科技部、财政部、国家发展改革委等部门按职责分工负责）

（四）引导众创空间向专业化、精细化方向升级，支持龙头骨干企业、高校、科研院所围绕优势细分领域建设平台型众创空间。探索将创投孵化器等新型孵化器纳入科技企业孵化器管理服务体系，并享受相应扶持政策。（科技部牵头负责）

（五）推动科研院所落实国家科技成果转化法律法规和政策，强化激励导向，提高科研院所成果转化效率。坚持试点先行，进一步扩大科研院所自主权，激发科研院所和科技人员创新创业积极性。（科技部、人力资源社会保障部等部门按职责分工负责）

（六）促进仪器设备开放共享，探索仪器设备所有权和经营权分离机制，对于财政资金购置的仪器设备，探索引入专业服务机构进行社会化服务等多种方式。（科技部牵头负责）

（七）实施科研院所创新创业共享行动，鼓励科研院所发挥自身优势，进一步提高科技成果转化能力和创新创业能力，进一步开放现有科研设施和资源，推动科技成果在全社会范围实现共享和转化。（国家发展改革委、中科院、科技部等单位按职责分工负责）

三、拓展企业融资渠道

不断完善金融财税政策，创新金融产品，扩大信贷支持，发展创业投资，优化投入方式，推动破解创新创业企业融资难题。

（八）在有效防控风险的前提下，合理赋予大型银行县支行信贷业务权限。支持地方性法人银行在符合条件的情况下在基层区域增设小微支行、社区支行，提供普惠金融服务。支持商业银行改造小微企业信贷流程和信用评价模型，提高审批效率。（银监会牵头负责）

（九）完善债权、股权等融资服务机制，为科技型中小企业提供覆盖全生命周期的投融资服务。稳妥推进投贷联动试点工作。推广专利权质押等知识产权融资模式，鼓励保险公司为科技型中小企业知识产权融资提供保证保险服务，对符合条件的由地方各级人民政府提供风险补偿或保费补贴。持续优化科技型中小企业直接融资机制，稳步扩大创新创业公司债券试点规模。支持政府性融资担保机构为科技型中小企业发债提供担保。鼓励地方各级人民政府建立政银担、政银保等不同类型的风险补偿机制。（银监会、人民银行、保监会、财政部、科技部、国家知识产权局、证监会等部门按职责分工负责）

（十）改革财政资金、国有资本参与创业投资的投入、管理与退出标准和规则，建立完善与其特点相适应的绩效评价体系。依法依规豁免国有创业投资机构

和国有创业投资引导基金国有股转持义务。（财政部、国务院国资委等部门按职责分工负责）

（十一）适时推广创业投资企业和天使投资个人有关税收试点政策，引导社会资本参与创业投资。推动创业投资企业、创业投资管理企业及其从业人员在第三方征信机构完善信用记录，实现创业投资领域信用记录全覆盖。（财政部、税务总局、国家发展改革委等部门按职责分工负责）

（十二）推动国家新兴产业创业投资引导基金、国家中小企业发展基金、国家科技成果转化引导基金设立一批创业投资子基金。引导和规范地方各级人民政府设立创业投资引导基金，建立完善对引导基金的运行监管机制、财政资金的绩效考核机制和基金管理机构的信用信息评价机制。（国家发展改革委、财政部、工业和信息化部等部门按职责分工负责）

（十三）健全完善创新券、创业券的管理制度和运行机制，在全面创新改革试验区域探索建立创新券、创业券跨区域互通互认机制。（科技部、国家发展改革委等部门按职责分工负责）

四、促进实体经济转型升级

深入实施"互联网＋"、"中国制造2025"、军民融合发展、新一代人工智能等重大举措，着力加强创新创业平台建设，培育新兴业态，发展分享经济，以新技术、新业态、新模式改造传统产业，增强核心竞争力，实现新兴产业与传统产业协同发展。

（十四）加强基础研究，提升原始创新能力。改革和创新科研管理、投入和经费使用方式。高校和科研院所要鼓励科研人员与创业者开展合作和互动交流，建立集群思、汇众智、解难题的众创空间。面向企业和社会创新的难点，凝练和解决科学问题，举办各种形式的创新挑战赛，通过众包共议方式，提高创新效率和水平。（科技部、财政部等部门按职责分工负责）

（十五）在战略性领域布局建设若干产业创新中心，整合利用现有创新资源形成充满活力的创新网络。依托企业、联合高校和科研院所，建设符合发展需求的制造业创新中心，开展关键共性重大技术研究和产业化应用示范。推动建立一批军民结合、产学研一体的科技协同创新平台。（国家发展改革委、工业和信息化部、科技部、教育部等部门按职责分工负责）

（十六）实施企业创新创业协同行动。支持大型企业开放供应链资源和市场渠道，推动开展内部创新创业，带动产业链上下游发展，促进大中小微企业融通发展。（国家发展改革委、工业和信息化部、国务院国资委、全国工商联等单位按职责分工负责）

（十七）鼓励大型企业全面推进"双创"工作，建设"双创"服务平台与网络，开展各类"双创"活动，推广各类大型企业"双创"典型经验，促进跨界融合和成果转化。（国家发展改革委、工业和信息化部、国务院国资委、全国工商联等单位按职责分工负责）

（十八）促进分享经济发展，合理引导预期，创新监管模式，推动构建适应分享经济发展的包容审慎监管机制和社会多方协同治理机制，完善新就业形态、消费者权益、社会保障、信用体系建设、风险控制等方面的政策法规，研究完善适应分享经济特点的税收征管措施，研究建立平台企业履职尽责与依法获得责任豁免的联动机制。（国家发展改革委、人力资源社会保障部、人民银行、工商总局、税务总局、中央网信办等单位按职责分工负责）

（十九）发布促进数字经济发展战略纲要，强化系统性设计，打破制约数字生产力发展的制度障碍，推进市场化的生产资料分享，提升市场配置资源效率，加速数字化转型，引领和适应数字经济发展。发起"一带一路"数字经济国际合作倡议，促进"一带一路"沿线国家数字经济交流与合作。（国家发展改革委、中央网信办等单位按职责分工负责）

（二十）进一步完善新产业新业态新模式统计分类，充分利用大数据等现代信息技术手段，研究制定"双创"发展统计指标体系，科学、准确、及时反映经济结构优化升级的新进展。（国家统计局牵头负责）

（二十一）加快研究制定工业互联网安全技术标准，建设工业互联网网络安全监测平台和中小企业网络安全公共服务平台，强化工业互联网安全保障支撑能力。（工业和信息化部牵头负责）

（二十二）积极落实支持大众创业、万众创新的用地政策，加大新供用地保障力度，鼓励盘活利用现有用地，引导新产业集聚发展，完善新产业用地监管制度。（国土资源部牵头负责）

（二十三）研究制定促进首台（套）重大技术装备示范应用的意见，建立健全首台（套）重大技术装备研发、检测评定、示范应用体系，完善财政、金融、保险等支持政策，明确相关招标采购要求，建立示范应用激励和保障机制，营造良好的政策和市场环境。（国家发展改革委牵头负责）

（二十四）充分利用产业投资基金支持先进制造业发展。实施新一轮技术改造升级重大工程，支持关键领域和瓶颈环节技术改造。（国家发展改革委、工业和信息化部、财政部等部门按职责分工负责）

五、完善人才流动激励机制

充分激发人才创新创业活力，改革分配机制，引进国际高层次人才，促进人才合理流动，健全保障体系，加快形成规模宏大、结构合理、素质优良的创新创业人才队伍。

（二十五）制定人才签证实施细则，明确外国人申请和取得人才签证的标准条件和办理程序；全面实施外国人来华工作许可制度，简化外国高层次人才办理工作许可证和居留证件的程序。开展外国高层次人才服务"一卡通"试点，建立安居保障、子女入学和医疗保健服务通道。进一步完善外国人才由工作居留向永久居留转换机制，实现工作许可、签证和居留有机衔接。（国家外专局、公安部、外交部、人力资源社会保障部等部门按职责分工负责）

（二十六）允许外国留学生凭高校毕业证书、创业计划申请加注"创业"的私人事务类居留许可。外国人依法申请注册成为企业的，可凭创办企业注册证明等材料向有关部门申请工作许可和工作类居留许可。（公安部、人力资源社会保障部、国家外专局等部门按职责分工负责）

（二十七）实施留学人员回国创新创业启动支持计划，吸引更多高素质留学人才回国创新创业。继续推进两岸青年创新创业基地建设，推动内地与港澳地区开展创新创业交流合作。深入开展"万侨创新行动"，支持建设华侨华人创新创业基地，探索建立华侨华人创新创业综合服务体系，为华侨华人高层次专业人才和企业家出入境、停居留以及申办外国人永久居留身份证件提供便利。推动来内地创业的港澳同胞、回国（来华）创业的华侨华人享受当地城镇居民同等待遇的社会公共服务。继续推进海外人才离岸创新创业基地建设。（人力资源社会保障部、外交部、公安部、国务院港澳办、国务院台办、国务院侨办、中国科协等单位按职责分工负责）

（二十八）完善高校和科研院所绩效考核办法，在核定的绩效工资总量内高校和科研院所可自主分配。事业单位引进高层次人员和招聘急需紧缺人才，可简化招录程序，没有岗位空缺的可申请设置特设岗位，并按相关规定办理人事关系，确定岗位薪资。（人力资源社会保障部、教育部、科技部等部门按职责分工负责）

（二十九）实施社团创新创业融合行动，搭建创新创业资源对接平台，推介一批创新创业典型人物和案例，推动创新精神、企业家精神和工匠精神融合，进一步引导和推动各类科技人员投身创新创业大潮。（国家发展改革委、中国科协等单位按职责分工负责）

（三十）加快将现有支持"双创"相关财政政策措施向返乡下乡人员创新创业拓展，将符合条件的返乡下乡人员创新创业项目纳入强农惠农富农政策范围。探索实施农村承包土地经营权以及农业设施、农机具抵押贷款试点。允许返乡下乡人员依法使用集体建设用地开展创新创业。返乡农民工可在创业地参加各项社会保险。鼓励有条件的地方将返乡农民工纳入住房公积金缴存范围，按规定将其子女纳入城镇（城乡）居民基本医疗保险参保范围。地方人民政府要建立协调推动机制，有条件的县级人民政府应设立"绿色通道"，为返乡下乡人员创新创业提供便利服务。（农业部、人力资源社会保障部、国土资源部等部门和有关地方人民政府按职责分工负责）

（三十一）各地区可根据实际需要制定灵活的引才引智政策，采取不改变人才的户籍、人事关系等方式，以用为本，发挥实效，解决关键领域高素质人才稀缺等问题。（各地方人民政府负责）

六、创新政府管理方式

持续深化"放管服"改革，加大普惠性政策支持力度，改善营商环境，放宽市场准入，推进试点示范，加强文化建设，推动形成政府、企业、社会良性互动的创新创业生态。

（三十二）出台公平竞争审查实施细则，进一步健全审查机制，明确审查程序，强化审查责任，推动全面实施公平竞争审查制度，为创新创业营造统一开放、竞争有序的市场环境。（国家发展改革委、财政部、商务部、工商总局等部门按职责分工负责）

（三十三）推进"多证合一"登记制度改革，将涉企登记、备案等有关事项和各类证照进一步整合到营业执照上。对内外资企业，在支持政策上一视同仁，推动实施一个窗口登记注册和限时办结。推动取消企业名称预先核准，推广自主申报。全面实施企业简易注销登记改革，实现市场主体退出便利化。建设全国统一的电子营业执照管理系统，推进无介质电子营业执照建设和应用。（工商总局牵头负责）

（三十四）加大事中事后监管力度，实现"双随机、一公开"监管全覆盖，开展跨部门"双随机"联合检查，提高监管效能。健全跨部门、跨地区执法协作机制，推进市场监管领域综合执法改革。（工商总局、中央编办、国务院法制办等单位按职责分工负责）

（三十五）在有条件的基层政府设立专业化的行政审批机构，实行审批职责、审批事项、审批环节"三个全集中"。（各地方人民政府、有关部门按职责分工负责）

（三十六）适时适当放宽教育等行业互联网准入条件，降低创新创业门槛，加强新兴业态领域事中事后监管。（教育部牵头负责）

（三十七）推进跨省经营企业部分涉税事项全国通办。推进银行卡受理终端、网上银行、手机银行等多元化缴税方式。加强国税、地税联合办税。建立健全市、县两级银税合作工作机制，加大基层银税合作力度，逐步扩大税务、银行信用信息共享内容。探索通过建立电子平台或在银税双方系统中互设接口等方式，实现银税信息"线上"互动。（税务总局牵头负责）

（三十八）积极有序推进试点示范，加快建设全国双创示范基地，推进小微企业创业创新基地城市示范，整合创建一批农村创新创业示范基地。推广全面创新改革试验经验。研究新设一批国家自主创新示范区、高新区，深化国家自主创新示范区政策试点。（国家发展改革委、科技部、财政部、工业和信息化部、农业部等部门按职责分工负责）

（三十九）办好全国"双创"活动周，营造创新创业良好氛围。组织实施好"创响中国"系列活动，开展创业投资企业、院士专家、新闻媒体地方行。高质量办好创新创业赛事，推动创新创业理念更加深入人心。（国家发展改革委、中国科协等单位按职责分工负责）

各地区、各部门要认真落实本意见的各项要求，进一步细化政策措施，切实履职尽责，密切配合，勇于探索，主动作为，及时总结经验，加强监督检查，确保各项政策落到实处，推进大众创业、万众创新深入发展，为全面实施创新驱动发展战略、培育壮大新动能、改造提升传统动能和促进我国经济保持中高速增长、迈向中高端水平提供强劲支撑。

国务院

2017 年 7 月 21 日

【阅读材料】

山东省人民政府关于助推新旧动能转换做好当前和今后一段时期就业创业工作的意见

鲁政发〔2017〕27 号

各市人民政府，各县（市、区）人民政府，省政府各部门、各直属机构，各大企业，各高等院校：

就业是最大的民生，是经济发展最基本的支撑。为深入贯彻落实《国务院关于做好当前和今后一段时期就业创业工作的意见》（国发〔2017〕28 号），在新旧动能转换中实现就业转型，以就业转型助推新旧动能转换，现就进一步做好就业创业工作提出以下意见。

一、推动就业优先，聚焦新旧动能转换扩大就业

（一）促进新旧动能转换与扩大就业联动。大力实施新旧动能转换重大工程，聚焦新技术、新产业、新业态、新模式，推动产业智慧化、智慧产业化、跨界融合化、品牌高端化，积极培育新的就业增长点。深入实施就业优先战略行动，把稳定和扩大就业作为动能转换和区间调控的下限，加大宏观政策调整实施力度，

促进经济企稳向好，确保就业稳定。加强经济社会政策与就业政策衔接，在制定财税、金融、产业、贸易、投资等重大经济政策和人口、教育、社会保障、住房、城市规划建设等重大社会政策时，要综合评价对就业岗位、就业环境、失业风险等带来的影响，促进新旧动能转换与扩大就业联动。（省发展改革委、省经济和信息化委、省教育厅、省财政厅、省人力资源社会保障厅、省住房城乡建设厅、省商务厅、省卫生计生委、人民银行济南分行等负责）

（二）推动产业结构优化与就业转型协同。完善多元化产业体系，既注重发展资本、技术和知识密集的先进制造业、战略性新兴产业，又要支持劳动密集型产业发展，降低实体经济成本，推进传统产业绿色改造，创造更多就业机会。推广政府和社会资本合作（PPP）模式，做大做强金融服务、专业咨询、信息技术、现代物流、节能环保、电子商务、旅游业等现代服务业，优化提升家庭服务、商贸服务等传统服务业，加快发展健康服务、旅游会展、乡村体验、健身服务、教育培训、法律服务等满足个性化、多样化消费需求的新兴服务业，持续提升服务业吸纳就业比重。发展家庭服务业带动就业，对吸纳就业困难人员的，给予岗位补贴和社会保险补贴。建设一批家庭服务业职业培训基地，每年认定 5 家省级示范基地。加大对发展潜力大、吸纳农业转移人口多的县城和重点镇用地计划指标倾斜，大力发展县域经济和农产品电子商务、休闲农业、创意农业、乡村旅游、旅游特色小镇等新业态，加快推进农村一二三产业融合发展，拓宽农村就业创业空间。（省发展改革委、省经济和信息化委、省民政厅、省司法厅、省财政厅、省人力资源社会保障厅、省国土资源厅、省农业厅、省商务厅、省文化厅、省卫生计生委、省旅游发展委、省工商局等负责）

（三）提高重大项目对就业拉动能力。探索建立重大项目特别是新旧动能转换重大项目就业信息共享机制，实现招商引资、项目立项、土地征收、项目实施与就业联动。对项目实施可能对就业产生的影响，特别是项目实施或建成后可能造成现有就业岗位流失、所涉及领域就业吸纳能力下降或被征地农民增加等情况的，在项目立项、日常管理、后续保障中予以统筹考虑。围绕重大项目就业岗位和技能培训需求，主动提供人力资源服务。（省发展改革委、省经济和信息化委、省人力资源社会保障厅、省国土资源厅、省商务厅等负责）

（四）发挥小微企业就业主渠道作用。落实小微企业降税减负和清理规范涉企收费政策。落实就业补贴、创业带动就业补贴政策，支持小微企业扩大就业容量。加快小微企业商标注册便利化改革，推进小微企业名录平台应用，提高小微企业政策获得感。支持小微企业创业创新示范基地建设，打造专业化、集成化新型载体。推广使用"创新券"，加大科研基础设施、大型科研仪器向小微企业开放力度，为小微企业产品研发、试制提供支持。鼓励高校、科研院所及企业向小微企业转移科技成果，有条件的地区可推动开放共享一批基础性专利或购买一批技术资源，支持小微企业协同创新。优化融资环境，加大信贷投放，支持小微企业加快发展，增强吸纳就业能力。（省中小企业局、省发展改革委、省教育厅、省科技厅、省财政厅、省人力资源社会保障厅、省地税局、省工商局、省国税局、人民银行济南分行等负责）

二、支持创业创新，打造富有活力的创业生态

（五）优化创业环境。持续推进简政放权、放管结合、优化服务改革，放宽新兴经济领域政策限制。深化商事制度改革，推进工商注册便利化。全面实施企业"五证合一、一照一码"、个体工商户"两证整合"，部署推动"多证合一"，取消不必要的行业门槛限制，消除隐性壁垒，切实解决"准入不准营"的问题。进一步减少审批事项，规范改进审批行为。探索动态包容审慎监管制度，推进市场监管领域综合行政执法改革，实现信息互换、监管互认、执法互助，着力解决重复检查、多头执法等问题。加快实现四项收费清单省、市、县三级全覆盖。（省发展改革委、省编办、省工商局、省物价局等负责）

（六）支持通过新兴业态就业创业。推动平台经济、众包经济、分享经济等创新发展，构建适应新产业新业态发展规律、满足新动能集聚需要的政策和制度环境。将鼓励创业创新发展的优惠政策面向新兴业态企业开放，对符合条件的新兴业态企业落实相关财政、信贷等优惠政策。推动政府部门带头购买新兴业态企业产品和服务。完善适应新就业形态特点的用工和社会保险等制度，指导新兴业态企业和与之建立劳动关系的从业者签订劳动合同，依法参加职工社会保险。符合条件的新兴业态企业吸纳高校毕业生、就业困难人员就业的，按规定给予岗位补贴、社会保险补贴和一次性创业岗位开发补贴。其他从业者可按灵活就业人员身份参加养老、医疗保险和缴纳住房公积金。属于就业困难人员、离校1年内未就业高校毕业生的，可按照规定享受灵活就业社会保险补贴政策。加强平台企业劳动关系调整，推动平台、行业组织与劳动者开展集体协商，签订和履行集体合同。加快建设"互联网＋人社"，为新就业形态从业者参加社会保险及社会保险关系转移接续提供便利。（省发展改革委、省经济和信息化委、省人力资源社会保障厅、省财政厅、省住房城乡建设厅、省商务厅、省工商局、省总工会、人民银行济南分行等负责）

（七）加大创业扶持力度。全面落实高校毕业生、登记失业人员、退役士兵和残疾人等群体就业创业税收优惠政策。加大一次性创业补贴发放力度，有条件的市可将一次性创业补贴政策放宽到符合条件的新注册个体工商户，补贴标准不低于2000元。对高层次高技能人才、返乡农民工、就业困难人员、毕业5年内高校毕业生（含技师学院高级工班、预备技师班和特殊教育学院职业教育类毕业生）

租用经营场地创业，有条件的市可给予创业场所租赁补贴。对在高附加值产业创业的劳动者，创业扶持政策要给予倾斜。定期组织举办创业大赛，在全省评选一批符合新旧动能转换方向的优秀创业项目、创业团队，给予最高 20 万元奖励。（省人力资源社会保障厅、省财政厅、省地税局、省工商局、省国税局等负责）

（八）打造多元化创业载体。按照"政府搭台、社会主导、市场化运作"的原则，鼓励支持通过盘活老旧商业设施、仓储设施、闲置厂房楼宇、过剩商业地产等方式建设创业载体，推动建设一批返乡创业园、乡村旅游创客基地，被认定为创业孵化示范基地、创业示范园区的，按规定给予奖补。2018 年前被认定为省级创业孵化示范基地、创业示范园区的，给予最高 500 万元的一次性奖补。发挥创业孵化基地、创业园区资源集聚和辐射引领作用，建立全省创业载体发展联盟，开展创业载体建设运营经验交流和前瞻性研究，推动全省创业载体提档升级。健全完善创业孵化机制，集成创业政策，创新孵化手段，对确有需要的创业企业，可适当延长孵化周期。各地可根据创业孵化基地入驻实体数量和孵化效果，给予一定奖补。鼓励创业孵化基地、创业园区引入专业化服务机构，提升管理运营水平。加强科技企业孵化器和众创空间建设，对孵化高新技术企业成效显著的给予奖补，培育一批品牌科技企业孵化器和众创空间。加强大学科技园建设，推动高等院校科技成果转移转化。支持各市结合本地实际，打造一批不同主题的特色小镇（街区），向创业者提供免费工位或场所。推广海尔集团、浪潮集团经验做法，鼓励大企业由传统的管控型组织向新型创业平台转型，利用自身资源优势，实施创客化、平台化改造，带动企业内部员工和社会创业者共同创业。运用互联网、大数据、云技术，打造山东创业服务云平台，为创业者提供良好的交流和资源共享空间。（省人力资源社会保障厅、省发展改革委、省经济和信息化委、省科技厅、省财政厅、省住房城乡建设厅等负责）

（九）拓宽融资渠道。大力发展创业担保贷款，符合条件的创业人员，可申请最高不超过 10 万元的创业担保贷款，期限最长不超过 3 年；符合条件的小微企业，可申请最高不超过 300 万元的创业担保贷款，期限最长不超过 2 年，按照规定给予贴息。在网络平台实名注册、稳定经营且信誉良好的网络创业人员，可按规定享受创业担保贷款及贴息政策。有条件的市可适当放宽创业担保贷款借款人条件，提高贷款利率上限。鼓励金融机构和担保机构依托信用信息，科学评估创业者的还款能力，完善风险防控措施，降低反担保要求或取消反担保，健全代偿机制，加大对创业企业的融资支持。深化银企对接合作，探索实行投贷联动、股债结合，建立信息交换共享机制，发挥山东省融资服务网络平台作用，引导金融机构与创业投资、股权投资机构以及政府产业投资引导基金建立市场化长期合作关系，灵活高效满足创业融资需求。（人民银行济南分行、省发展改革委、省财政厅、省人力资源社会保障厅、山东银监局等负责）

三、优化人力资源供给，支撑新旧动能转换

（十）释放高校毕业生人才红利。实施高校毕业生就业创业促进计划，健全涵盖校内外各阶段、就业创业全过程的服务体系，促进供需对接和精准帮扶。教育引导高校毕业生树立正确的就业观念，促进其围绕新旧动能转换更好地参与到就业活动中，敢于通过创业实现就业。实施高校毕业生基层成长计划，落实学费补偿、助学贷款代偿、资金补贴等政策，引导鼓励高校毕业生到城乡基层、中小微企业就业，满足基层人才需求。鼓励高校毕业生到社会组织就业，对吸纳高校毕业生就业的社会组织，符合条件的可同等享受企业吸纳就业扶持政策。鼓励高校毕业生到科研项目单位参与研究，科研项目单位要按规定将社会保险补助纳入劳务费列支，劳务费不设比例限制。探索开展事业单位简化招聘程序公开招聘优秀高校毕业生。脱贫任务较重的县（市、区）基层机关事业单位公开招录招聘高校毕业生，可适当放宽职位岗位专业限制、单独划定笔试分数线、降低学历要求或开考比例。加大高校毕业生基层服务项目招募力度，合理安排时间，优化录用、聘用流程。根据基层发展需要和财力状况，结合"放管服"改革和综合行政执法体制改革，积极推进编制资源下沉，加强基层机关事业单位编制配备，为适度扩大招聘高校毕业生创造条件。落实完善"三支一扶"大学生服务期满就业政策，引导其留在基层建功立业。支持高校毕业生到国际组织实习任职，培育具有国际视野的青年人才。加大就业见习力度，围绕新旧动能转换重大项目设立一批就业见习基地，有针对性地安排高校毕业生参加见习。允许就业见习补贴用于见习单位为见习人员办理人身意外伤害保险以及对见习人员的指导管理费用支出。加大对困难高校毕业生的帮扶力度，将求职创业补贴补助范围扩展到贫困残疾人家庭、建档立卡贫困家庭高校毕业生和特困人员中的高校毕业生。支持企业招用困难高校毕业生，符合条件的给予岗位补贴、社会保险补贴。促进留学回国人员就业创业，实施留学人员来鲁创业启动支持计划，鼓励留学人员以知识产权等无形资产入股方式创办企业。依托重大科研创新项目、重点科研基地和留学人员创业园等平台载体，鼓励和吸引优秀留学回国人员来鲁工作。（省人力资源社会保障厅、省编办、省经济和信息化委、省教育厅、省科技厅、省公安厅、省民政厅、省财政厅、省总工会、团省委、省残联、人民银行济南分行等负责）

（十一）提高教育培训质量。坚持面向市场、服务发展、促进就业的人力资源开发导向，着力化解就业结构性矛盾。深化高校创新创业教育改革，加快推进高校学科专业结构调整优化。发挥职业教育和职业培训作用，推进职业教育和职业培训精准对接新旧动能转换需求、精准契合受教育者需求，加快发展现代职业教育，着力提高学生的就业能力和创造能力。实施现代职业教育质量提升计划、产

教融合发展工程、高技能人才振兴计划和大国工匠培训支持计划，统筹普通高中和中等职业教育协调发展，提高中等职业教育招生比例，推进职业教育与普通教育分类管理，引导各级各类职业院校科学定位、办出特色。实施高技能人才培养特色载体建设工程，建设一批定位明确、各有侧重、相互支撑的特色人才培养载体。大力发展技工教育，建设一批国内一流的技师学院。加快培育大批具有专业技能和工匠精神的高素质劳动者和技术技能人才，确保企业职工教育经费足额提取并合理使用。健全技能人才多元化评价机制，落实技能人才职业技能等级认定政策并做好与职业资格制度的衔接，建立职业资格、职业技能等级与相应职称比照认定制度，用人单位聘用的高级工、技师、高级技师可比照相应层级工程技术人员享受同等待遇。适应新旧动能转换要求，定期发布重点产业职业培训需求、职业资格和职业技能等级评定指导目录，对指导目录内的职业培训和技能鉴定，完善补贴标准，简化审核流程。推广使用职业培训包，将职业标准、教学内容、教学方式、教材、师资、实训、考核等内容规范化、标准化，实现职业培训由以结果管理为主向结果管理和过程管理并重转变，提升职业培训质量。充分运用职业培训补贴，支持优质培训机构开发数字培训课程，支持平台开展网上创业培训，支持培训机构引进国外优质资源或开展联合办学。根据去产能企业失业人员、建档立卡贫困人口特点，采取整建制购买培训项目、直接补贴培训机构等方式开展集中培训。依法参加失业保险 36 个月以上、取得职业资格证书或职业技能等级证书的企业职工，可申请最高 2000 元的技能提升补贴，所需资金从失业保险基金中列支。建立创业大学培训效能评估机制，支持创业大学完善内部管理运营机制，增强创业大学自我生存能力和发展潜力。研发推广统一的创业培训教程，提升创业培训质量。加强创业导师队伍建设，引导创业者和创业导师签订指导协议，通过股权转让等形式，鼓励创业导师发挥"传帮带"作用，提高创业成功率。（省教育厅、省人力资源社会保障厅、省发展改革委、省财政厅等负责）

（十二）提高人力资源供求匹配度。充分发挥市场的决定性作用，推进建设统一规范、竞争有序的人力资源市场体系，促进劳动力在地区、行业、企业之间自由流动。建立与新旧动能转换需求相适应的人力资源供求调查预测和信息发布制度，促进人力资源开发利用和合理配置。大力发展人力资源服务业，实施人力资源服务业发展推进计划，加强人力资源服务产业园建设，培育具有示范引领作用的龙头企业和行业领军人才。简化劳动者求职手续，建立入职定点体检和体检结果互认机制。发挥公共就业创业服务的基础性作用，加快推进公共就业创业服务"标准化、信息化、一体化"建设，完善服务功能，细化服务标准和流程，为不同群体、企业提供个性化、专业化、精细化的就业创业服务。强化基层公共就业创业服务从业人员职业化建设，建立定期培训、持证上岗制度。充分运用就业创业服务补贴政策，支持公共就业创业服务机构和高校开展就业创业服务，支持人力资源服务机构、劳务经纪人等市场主体为劳动者提供职业指导、创业指导、信息咨询、有组织劳务输出等服务。加快公共就业创业服务信息化建设，积极探索"智慧就业"，推动服务向移动端、自助终端等延伸，扩大服务对象自助服务范围，实现就业创业服务和管理全程信息化。（省人力资源社会保障厅、省发展改革委、省财政厅、省卫生计生委等负责）

四、做好重点群体、重点区域就业工作，稳住就业"基本盘"

（十三）健全城乡劳动者平等就业制度。落实城乡统一的就业失业登记制度，对有劳动能力、有就业失业登记需求且符合我省就业失业登记条件的城乡劳动者，应在常住地进行就业失业登记。对在城镇常住并处于无业状态的农村转移劳动者，在城镇常住地进行失业登记；对在农村常住并处于无地无业状态的劳动者，在农村常住地进行失业登记。公共就业服务机构要为其提供相应的就业服务和政策扶持。对就业失业登记的常住人员在常住地连续居住6个月以上且在当地参加社会保险6个月以上的，保障其与当地户籍人口享有同等的就业创业扶持政策。促进农民工等各类人员返乡创业，大力发展农民合作社、种养大户、家庭农场、建筑业小微作业企业、"扶贫车间"等生产经营主体，依法办理工商登记注册的可按规定享受小微企业扶持政策，对吸纳贫困家庭劳动力就业并稳定就业1年以上的，各地可酌情给予一定奖补。适应农村劳动者就业创业特点，统筹整合培训资源，创新培训内容和方式，推进职业培训全覆盖，引导农村转移劳动者到以"互联网＋"为代表的新产业、新业态就业创业。密切关注女性平等就业情况，促进妇女、残疾人等公平就业。（省人力资源社会保障厅、省发展改革委、省财政厅、省农业厅、省旅游发展委、省工商局、团省委、省妇联、省残联、人民银行济南分行等负责）

（十四）完善就业援助长效机制。全面落实各项扶持政策，促进结构调整、转型升级中的失业人员再就业。合理确定就业困难人员范围，强化分类帮扶和实名制动态管理，确保零就业家庭、低保家庭中符合条件的至少一人稳定就业。加大对贫困人口特别是黄河滩区脱贫迁建、易地扶贫搬迁贫困人口转移就业的支持力度，确保他们搬得出、稳得住、能逐步致富。鼓励金融机构按照商业化可持续发展原则，运用扶贫再贷款优先支持带动建档立卡贫困户就业发展的企业及家庭农场、专业大户、农民合作社等经济主体。加强社会保障与就业联动，对因灵活就业、自谋职业或者自主创业使家庭人均收入达到或者高于当地低保标准的，采取渐退方式逐步退出低保，就业后3个月内的劳动所得不计入家庭收入。按规定由用人单位统一扣缴和个人自缴的最低档基本社会保险费、住房公积金不计入家庭收入核算。（省人力资源社会保障厅、省发展改革委、省扶贫办、省民政厅、省财

政厅、省旅游发展委、省残联、人民银行济南分行等负责）

（十五）稳妥做好新旧动能转换过程中的职工分流安置工作。开展失业保险稳岗补贴护航行动，鼓励引导去产能企业尽最大努力挖掘内部安置潜力，从源头上减少失业。促进化解钢铁煤炭行业过剩产能企业分流职工转岗就业创业，鼓励引导国有企业安置部分分流职工，对单位新增岗位吸纳去产能分流人员的，按规定落实企业吸纳就业扶持政策。对自主创业的分流人员，优先安排入驻各类创业孵化基地，落实创业扶持政策。对确实难以安置的就业困难人员，新增及腾退的公益性岗位要优先安置。要将符合条件的去产能企业下岗职工纳入现行就业创业政策扶持范围，主动提供各项就业创业服务。积极稳妥、依法依规处理劳动关系，对本轮化解钢铁煤炭行业过剩产能企业职工因解除劳动合同依法取得的一次性补偿收入，符合相关税收法律法规规定条件的，可享受相关个人所得税政策。稳妥做好国有企业"瘦身健体"、提质增效、剥离企业办社会职能过程中的职工安置工作。（省人力资源社会保障厅、省发展改革委、省经济和信息化委、省财政厅、省国资委、省地税局、省总工会、省国税局等负责）

（十六）促进退役军人就业创业。认真做好军队转业干部安置工作，鼓励自主择业军队转业干部就业创业，积极开展就业服务、职业培训、创业孵化等服务活动，按规定落实相关扶持政策。加大退役士兵安置工作力度，对符合政府安排工作条件的，要采取刚性措施，确保岗位落实、妥善安置。对自主就业的，要强化教育培训，落实优惠政策，提高就业创业成功率。（省人力资源社会保障厅、省民政厅、省编办、省国资委等负责）

（十七）缓解困难地区就业压力。建立区域就业协同推进机制，强化产业、资源、人才协作，促进资源枯竭型城市转型发展，实施替代产业培育行动计划，扶持劳动密集型产业、服务业和小微企业发展。补齐基础设施短板，加大对商贸流通、交通物流、信息网络等建设和改造项目的倾斜力度，完善公共服务设施。对地处偏远、资源枯竭、不适宜居住的独立工矿区，有组织地开展跨地区劳务对接。对新旧动能转换过程中，去产能任务重、待岗职工多、失业风险大的困难地区，组织开展就业援助行动。（省发展改革委、省经济和信息化委、省教育厅、省科技厅、省财政厅、省人力资源社会保障厅、省交通运输厅、省商务厅、省总工会、团省委、省妇联等负责）

五、完善保障机制，切实抓好组织实施

（十八）强化政府责任。各级、各部门要切实履行政府促进就业责任，各级政府主要负责同志为本地区就业工作第一责任人。要进一步完善就业工作目标责任制，将就业创业工作纳入党政领导班子工作实绩考核。健全就业工作协调配合机

制，形成部门合力。鼓励各地积极探索以就业转型支撑经济转型模式，发挥就业对新旧动能转换的支撑作用。加强就业创业政策宣传，创新宣传方式，让就业创业政策家喻户晓。强化督查问责和政策落实绩效评估，健全激励机制和容错纠错机制，对抓落实有力有效的，加大政策和资金倾斜力度，适时予以表彰；对大胆探索、担当尽责、不谋私利，但在依法依规履行职责过程中由于难以预见因素出现失误或错误的，依据有关规定容错免责；对不履行或者不正确履行职责的，依纪依法严肃问责。（省委组织部、省人力资源社会保障厅、省发展改革委、省监察厅、省财政厅等负责）

（十九）加强资金保障。按照省与市县事权和支出责任划分的原则，适应就业创业工作需要，合理安排就业创业资金支出，强化资金预算执行和监督，开展资金使用绩效评价，提高资金使用效益。通过政府和社会资本合作（PPP）等多种形式，有序有效引导并带动社会资本扩大就业创业服务供给，带动全社会参与支持就业创业工作。加强就业创业资金监管，研究制定资金管理使用风险防控办法，确保资金安全运行。（省财政厅、省人力资源社会保障厅等负责）

（二十）加强就业统计监测和形势研判。完善统计监测制度，为新旧动能接续转换提供趋势性数据分析。积极探索利用大数据技术开展就业监测，扩大就业数据信息来源，逐步实现统计、经济和信息化、人力资源社会保障、教育、民政、公安、财政、工商、税务等部门数据的互联共享，为加强形势研判、落实完善政策、实施精准服务提供有力支撑。加强部门与研究机构、市场分析机构的密切协作，建立完善就业数据与宏观经济、行业经营等数据以及社会机构相关数据交叉比对机制，提高就业形势监测和分析能力。（省统计局、省经济和信息化委、省教育厅、省公安厅、省民政厅、省财政厅、省人力资源社会保障厅、省地税局、省工商局、省国税局、国家统计局山东调查总队等负责）

（二十一）防范化解失业风险。增强风险意识和底线思维，落实失业动态监测、预测预警和预防调控工作机制，根据就业失业重点指标、人力资源市场供求、宏观经济运行等变化，及早发现异常情况和潜在风险。对出现严重规模性失业风险的地区，适时发布预警信息和启动应急预案，通过提高稳岗补贴标准、开展以工代赈、组织跨地区劳务对接、合理降低企业人工成本、阶段性延长领取失业保险金期限、开展生活帮扶等措施，化解失业风险。（省人力资源社会保障厅、省发展改革委、省民政厅、省财政厅、省商务厅、省工商局、人民银行济南分行等负责）

山东省人民政府
2017 年 9 月 11 日

参 考 文 献

[1] 马腾文. 就业与创新创业指导教程. 上海：上海交通大学出版社，2017.

[2] 马腾文. 大学生职业生涯规划与就业创业指导. 长春：东北师范大学出版社，2011.

[3] 焦连合. 新编大学生职业发展与就业指导教程. 济南：山东大学出版社，2007.

[4] 张娅. 高职毕业生就业问题的研究. 西安：西安建筑科技大学，2008.

[5] 李孝录. 高职院校毕业生就业问题及对策研究. 石家庄：河北师范大学，2007.

[6] 赵新娟. 高职高专学生就业与创业指导. 北京：北京交通大学出版社，2006.

[7] 王兆明. 大学生职业指导. 苏州：苏州大学出版社，2009.

[8] 高校就业类教材课题研究组. 大学生职业发展与就业指导. 长春：吉林大学出版社，2009.

[9] 李山东. 思想教育教程. 济南：山东友谊出版社，2011.

[10] 石英姿. 大学生创业教育研究. 辽宁教育行政学院学报，2005（3）.

[11] 陈蕾，朱爱荣. 关于西部大学生自主创业环境的调查与思考. 科技资讯，2009（9）.

[12] 刘沁玲. 高校毕业生创业环境分析. 《学术论坛》，2008（8）.

[13] 罗天虎. 创业学教程. 西安：西北工业大学出版社，2004.

[14] 池仁勇. 日本中小企业创业意识的产生及其分类分析. 现代日本经济，2001（4）.

[15] 杨涌滨. 论当代大学生创业能力及其培养. 河南社会科学，2003.

[16] 张美凤，赵映振，蒋锋. 关于大学生创业特征的调查与思考. 中国高教研究，2001.

[17] 于学甫. 大学生就业与创业指导. 苏州：苏州大学出版社，2008.

[18] 张艳. 大学生职业指导实训教程. 北京：高等教育出版社，2008.

[19] 王平，韩菡，尹昌美，等. 大学生职业生涯规划与创新创业能力提升探析. 山东青年政治学院学报，2016（01）：56-60.

[20] 李秀华，刘武，赵得奎. 大学生创新与创业. 长春：吉林大学出版社，2015.

[21] 徐艾学. 大学生职业生涯规划影响因素的调查与研究. 教育与职业，2016（12）：104-107.

[22] 尹剑峰，龙梅兰. 新形势下中国大学生职业生涯规划研究. 中国大学生就业，2017（02）：60-64.